U0457383

国 网 山 东 省 电 力 公 司
综合计划与投资管理系列丛书

综合计划管理

国网山东省电力公司发展策划部　组编

中国电力出版社
CHINA ELECTRIC POWER PRESS

图书在版编目（CIP）数据

综合计划管理 / 国网山东省电力公司发展策划部
组编. -- 北京：中国电力出版社, 2024. 12. -- (国网山
东省电力公司综合计划与投资管理系列丛书) -- ISBN
978-7-5198-9327-9

Ⅰ. F426.61

中国国家版本馆 CIP 数据核字（2024）第 2024BZ7174 号

出版发行：中国电力出版社
地　　址：北京市东城区北京站西街 19 号（邮政编码 100005）
网　　址：http://www.cepp.sgcc.com.cn
责任编辑：罗　艳　王梦琳
责任校对：黄　蓓　马　宁
装帧设计：张俊霞
责任印制：石　雷

印　　刷：北京雁林吉兆印刷有限公司
版　　次：2024 年 12 月第一版
印　　次：2024 年 12 月北京第一次印刷
开　　本：710 毫米×1000 毫米　16 开本
印　　张：5.25
字　　数：81 千字
印　　数：0001—2500 册
定　　价：28.00 元

编 委 会

前　言

　　综合计划是在对公司发展需求、投入能力和主要指标进行综合平衡、统筹优化的基础上，形成的统领公司全局的年度经营发展目标，是全面落实公司战略和规划的年度系统实施方案。

　　为全面落实国家电网有限公司"建设具有中国特色国际领先能源互联网企业"战略目标，聚焦效率效益，衔接公司"十四五"规划。依据《国家电网有限公司关于调整优化综合计划管理体系的通知》（国家电网发展〔2020〕731号）、《国家电网有限公司综合计划管理办法》（国家电网企管〔2021〕64号）等文件，开展《国网山东省电力公司综合计划与投资管理系列丛书　综合计划管理》编制工作，供山东省公司及下属的各市县公司、各直属单位开展综合计划管理参考，具体各项业务要求以最新发布的版本为准。

　　综合计划管理工作手册详细描述了综合计划管理的体系、内容和流程、数字化应用等重点内容，适用于山东省公司及下属的各市县公司、各直属单位综合计划管理相关人员，以指导综合计划管理人员更快、更好地掌握综合计划管理流程，准确、熟练完成综合计划日常管理工作。

本手册在编写过程中得到了国网山东省电力公司的大力支持，同时得到了下属地市公司等基层单位的帮助。在此，对所有关心支持本手册编写和出版工作的同志们表示衷心的感谢！手册中不妥和不尽如人意之处恐难避免，热切希望专家和广大读者不吝赐教、批评指正。

编者

2024 年 10 月

目 录

前言

综合计划管理总论

一、综合计划管理体系

综合计划管理包括指标管理和投入管理两部分。其中,指标管理包含五个方面,承接公司战略和规划;投入管理包括十六个专项,涵盖公司所有固定资产投资、股权投资和主要成本类投入。如图1-1、图1-2所示。

(一)指标管理

综合计划指标以战略指标为导向,突出目标性和指导性,聚焦效率效益,涵盖公司主要生产经营活动和年度发展目标,分为经营实力、核心技术、服务品质、企业治理、绿色发展五方面32项指标。

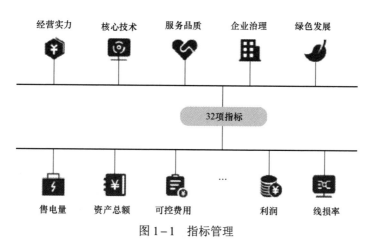

图1-1 指标管理

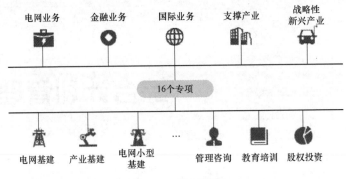

电网业务　金融业务　国际业务　支撑产业　战略性新兴产业

16个专项

电网基建　产业基建　电网小型基建　…　管理咨询　教育培训　股权投资

图 1-2　投入管理

经营实力指标共 18 项，包括财务部指标 8 项、人资部指标 2 项、发展部指标 5 项、营销部指标 2 项、产业指标 1 项。如表 1-1 所示。

表 1-1　　　　　　　　　　经 营 实 力 指 标

方面	序号	指标名称	归口部门
经营实力	1	营业收入	财务部
	2	利润（利润总额、净利润）	财务部
	3	资产总额	财务部
	4	资产负债率	财务部
	5	经济附加值（EVA）	财务部
	6	可控费用	财务部
	7	职工人数	人资部
	8	职工劳动生产率	人资部
	9	售电量	发展部
	10	省间交易电量	发展部
	11	市场化交易电量	发展部
	12	公司管理机组发电量	发展部
	13	当年电费回收率	营销部
	14	市场占有率	营销部
	15	电网投资效率	发展部
	16	新兴业务收入规模	产业单位
	17	营业收入利润率	财务部
	18	净资产收益率	财务部

核心技术指标共 4 项，包括科技部指标 1 项、设备部指标 1 项、数字化部指标 2 项。如表 1-2 所示。

表1-2 核 心 技 术 指 标

方面	序号	指标名称	归口部门
核心技术	19	研发（R&D）经费投入强度	科技部
	20	电网设备运行可靠率	设备部
	21	数字化发展指数	数字化部
	22	信息安全防护能力	数字化部

服务品质指标共6项，包括发展部指标1项、调控中心指标1项、设备部指标2项、营销部指标2项。如表1-3所示。

表1-3 服 务 品 质 指 标

方面	序号	指标名称	归口部门
服务品质	23	重大决策部署完成率	发展部
	24	电网频率合格率	调控中心
	25	综合供电可靠率	设备部
	26	综合供电电压合格率	设备部
	27	客户服务满意度	营销部
	28	业扩服务时限达标率	营销部

企业治理指标1项，为法律部、财务部指标。如表1-4所示。

表1-4 企 业 治 理 指 标

方面	序号	指标名称	归口部门
企业治理	29	合规与风险管控水平	法律部、财务部

绿色发展指标共3项，包括发展部指标2项、调控中心指标1项。如表1-5所示。

表1-5 绿 色 发 展 指 标

方面	序号	指标名称	归口部门
绿色发展	30	线损率	发展部
	31	公司服务"双碳"目标贡献力	发展部
	32	清洁能源利用完成率	调控中心

（二）投入管理

根据专业管理，发展投入分十六个专项进行项目计划管理。根据投入项目资金属性，发展投入分为资本性投入和成本性投入，资本性投入分为固定资产投资和股权投资。

其中，固定资产投资包括电网基建、产业基建、电网小型基建、生产技改、产业技改、生产辅助技改、零星购置、电力市场营销（资本性）、电网数字化（资本性）、研究开发（资本性）；成本性投入包括生产大修（A类）、产业大修、生产辅助大修（A类）、管理咨询、教育培训、电力市场营销（成本性）、电网数字化（成本性）、研究开发（成本性）。如图1-3所示。

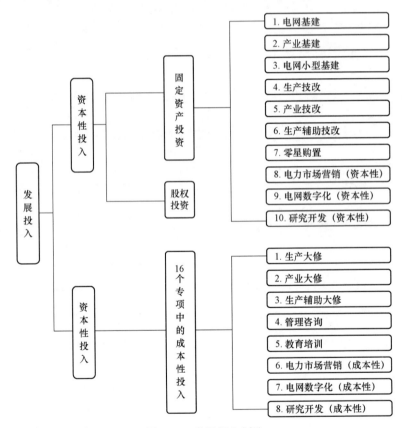

图1-3　发展投入划分

根据投入管理层级，发展投入分为总部管理项目和省公司管理项目。总部决策下达总部管理项目明细和省公司管理项目规模，省公司决策下达省公司管理项目明细。

总部管理项目，重要程度高、涉及范围广、投入额度大，由总部决策、下达和调整项目明细，并组织开展项目储备、执行检查及考核评价。

省公司管理项目，市场响应要求较高、投入额度较小，由总部决策下达项目规模，省公司决策、下达和调整项目明细，并组织开展项目储备、执行检查，总部负责考核评价。

根据项目可研批复权限，发展投入分为限上项目和限下项目。

限上项目，由总部批复可研，主要包含总部“三重一大”项目、境外投资项目、各专项重大重点项目、一定投入限额以上的项目，以及其他需总部统决策的项目。

限下项目，由省公司批复可研，主要包含省公司“三重一大”项目，以及除限上项目外的所有项目。

总部/省公司管理项目、限上/限下项目的区别如图 1－4 所示。

按照投入管理层级分为“总部管理、省公司管理”两类。

◆ 总部管理项目，由总部下达、调整分项投入规模，下达（含预安排、调整项目明细。

◆ 省公司管理项目，由总部下达调整分项投入规模，各单位分解下达（含预安排、调整项目明细。

按照项目可研批复权限分为“限上、限下”两类。

◆ 限上项目，由总部批复可研，主要包含总部“三重一大”项目、境外投资项目、各专项重大重点项目、一定投入限额以上的项目，以及其他需总部统决策的项目。

◆ 限下项目，由各单位批复可研，主要包含各单位“三重一大”项目，以及除限上项目外的所有项目。

图 1－4　总部/省公司管理项目、限上/限下项目的区别

二、综合计划整体管理流程

综合计划管理包括项目常态储备、总控目标确定与下达、项目预安排、计划编制与分解下达、计划执行与过程管控、计划调整与下达、计划考核与评价

七大关键环节。如图 1-5 所示。

图 1-5　综合计划管理流程

省公司实行分级分类开展常态化项目储备，根据总部总控目标方案提出省公司总控目标建议，经省公司决策后，由总部审核、决策后下达。根据总部下达的总控目标，编制综合计划建议，经省公司决策后，上报总部。经总部审核、平衡优化、决策后，下达至省公司。省公司对总部下达的综合计划进行分解落实，并对自管规模进行分批分解，对次年上半年急需实施的项目实行预安排。根据内外部经营环境变化和计划执行情况，按照决策权限履行规定程序后，省公司对综合计划进行调整。根据评价标准，对下属单位综合计划执行情况进行考核评价，反馈指导次年总控目标确定和计划安排。综合计划管理各环节业务描述如表 1-6 所示。

表 1-6　　　　　　　　综合计划管理各环节业务描述（简化）

综合计划管理各环节业务描述（简化）	
项目常态储备	分级分类开展常态化项目储备，按需实时入库。按照限上、限下界面，由各级专业部门开展可研编制、评审，项目完成评审后即可纳入综合计划项目储备。部分项目根据专业管理要求可编制项目建议书
总控目标确定与下达	由省公司汇总各专业部门提出的建议（一上），总部统一决策下达（一下）
项目预安排	对次年上半年急需实施的项目可进行预安排，满足施工准备要求，保障项目实施。预安排项目来源于项目储备库，且完成可研批复，原则上预安排项目须全部纳入次年计划安排。预安排项目在当年可提报物资和服务招标需求，不得发生资金支出或成本入账
计划编制与分解下达	计划编制下达包括综合计划建议上报（二上）和综合计划决策下达（二下）。及时做好综合计划分解落实。对自管规模，可按实际需要进行分批分解。自管规模内实施项目，在综合计划建议阶段已经公司决策的，可直接分解实施；未经决策项目，需履行相应决策程序后纳入计划实施
计划执行与过程管控	综合计划归口管理部门会同专业部门定期进行综合计划执行情况分析，按月报送综合计划完成情况。建立指标与项目执行研判预警机制，协调督导本单位计划执行

综合计划管理各环节业务描述（简化）	
计划调整与下达	根据外部环境变化和生产经营实际需要，总部和省公司按决策权限分别开展综合计划调整
计划考核与评价	省公司负责对下属单位开展综合计划考核和评价。组织建立发展投入后评估机制，促进综合计划闭环管控。对下属单位各专项投入产出进行管理过程跟踪评价、量化评估与结果考核，评估结果闭环反馈指导次年总控目标确定和计划安排

综合计划管理各环节实施时间如图1-6所示。

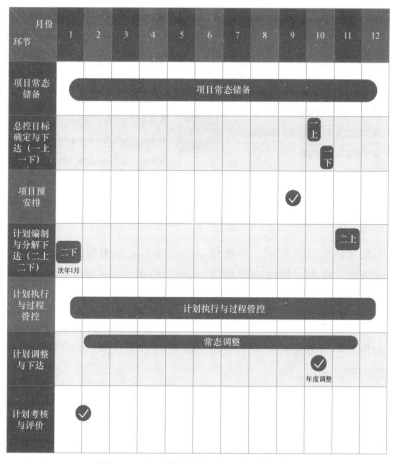

图1-6　综合计划管理各环节实施时间

三、综合计划管理职责划分

发展部为综合计划管理部门。各级发展部负责项目储备归口管理、组织提出综合计划总控目标建议、组织综合计划编制和分解下达、组织综合计划执行分析和监督检查、组织综合计划调整。

各级专业部门负责提出相关指标计划和专项计划建议、配合综合计划归口管理部门进行计划细化分解、专项计划执行情况分析、配合开展综合计划执行检查、提出相关指标计划和专项计划调整建议。如图1-7所示。

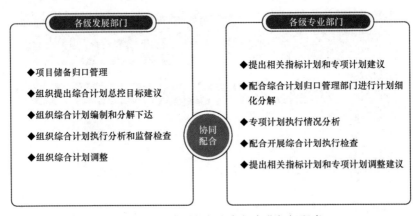

图1-7　各级发展部门和各级专业部门职责

总部要定标准、控规模、审流程、严考核。省公司要抓落实、管明细、防风险、增效益。地市公司级单位要摸需求、快响应、保质量、提效率。各级发展部门与各级专业部门根据职责分工，强化协同配合，避免交叉管理。

1. 省公司发展部

（1）负责项目储备归口管理，负责储备项目关联审核，会同财务部开展项目储备库管理；

（2）负责组织提出本单位综合计划总控目标建议；

（3）负责结合项目需求和投入能力，衔接预算，经统筹优化、综合平衡后，形成本单位综合计划建议；

（4）负责根据上级单位下达的综合计划，分解下达本单位综合计划；

（5）负责组织本单位综合计划执行分析和监督检查；

（6）负责组织本单位综合计划调整和分解下达；

（7）负责售电量、省间交易电量、市场化交易电量、公司管理机组发电量、线损率、电网投资效率、重大决策部署完成率等计划指标管理和执行情况分析；

（8）负责电网基建和零星购置专项计划管理和执行情况分析。

2. 省公司专业部门

（1）负责专项项目储备；

（2）负责提出相关指标计划和专项计划建议；

（3）配合综合计划归口管理部门进行计划细化分解；

（4）负责专项计划执行情况分析；

（5）配合开展综合计划执行检查；

（6）负责提出相关指标计划和专项计划调整建议。

3. 各地市公司发展部

（1）负责组织专业部门提出项目需求，开展项目储备论证；

（2）负责衔接预算，组织提出本单位下年度综合计划主要指标建议，细化分解上级单位下达的综合计划；

（3）负责组织本单位综合计划执行情况分析和监督检查，协调本单位综合计划管理中的有关问题；

（4）负责电网基建项目、零星购置项目的论证与储备，负责售电量等相关指标计划建议及执行情况分析。

4. 各地市公司专业部门

（1）负责提出专项项目需求，组织可研编制，配合上级单位专业部门开展可研评审及批复；

（2）负责本单位专项项目的论证储备；

（3）负责提出相关指标计划和专项计划建议；

（4）配合综合计划归口管理部门进行计划细化分解；

（5）负责专项计划执行分析；

（6）负责向本单位综合计划归口管理部门提出相关指标计划和专项计划调整建议。

5. 县公司

（1）县公司综合计划管理部门归口本单位综合计划管理；

（2）其他专业部门按照职责分工配合相关管理工作。

6. 各级经研院（所）

负责支撑公司综合计划管理，配合开展项目储备监督检查、关联论证等工作。

各单位综合计划管理职责如图 1-8 所示。

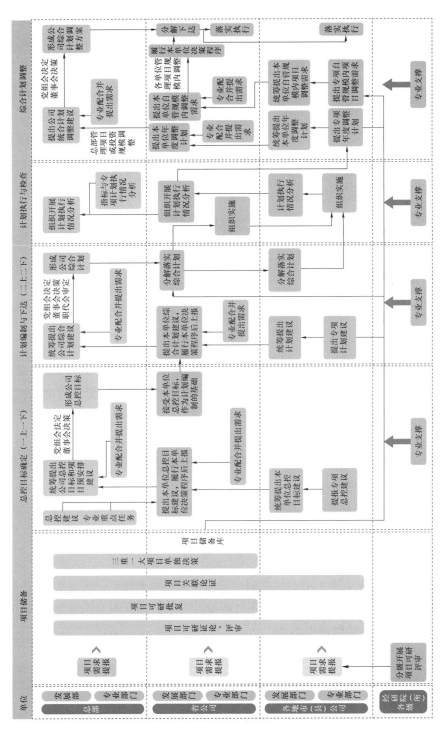

图1-8 各单位综合计划管理职责

2

名词解释

一、指标解释

（一）经营实力

指标1：售电量

指标说明：指销售给终端用户的电量，包括销售给本区县终端用户（含趸售用户）的电量和不经过邻区县电网而直接销售给邻区县终端用户的电量两部分。

计算公式：售电量＝销售给本区县终端用户的电量＋不经过邻区县电网而直接销售给邻区县终端用户的电量。

指标2：省间交易电量

指标说明：参与省间电力市场的交易电量。

计算公式：省间交易电量＝公司参与省间交易电量的规模。

指标3：市场化交易电量

指标说明：反映全社会用电量中的市场化交易电量规模。

计算公式：市场化交易电量＝全社会用电量中的市场化交易的电量规模。

指标4：公司管理机组发电量

指标说明：反映公司年度发电机组的发电量。

计算公式：公司管理机组发电量＝公司管理机组发电量的规模。

指标5：当年电费回收率

指标说明：反映应收电费欠费情况。

计算公式：当年电费回收率=（1−未达账电费金额/当年应收电费总额）×100%。其中，未达账金额指截至统计时点在营销系统显示的欠费金额（含当年全部欠费、陈欠电费截至当前月计划回收值中仍未收回部分），或营销系统无欠费、但资金在途的电费金额。

指标 6：市场占有率

指标说明：指公司售电量占全社会净用电量的比重。

计算公式：市场占有率=（公司售电量/全社会净用电量）×100%；全社会净用电量=全社会用电量−厂用电量−公司线损电量。

指标 7：营业收入

指标说明：指公司从事主营业务或其他业务所取得的收入总和。

计算公式：营业收入=主营业务收入+其他业务收入（注：不包括利息收入等非营业收入）。

指标 8：可控费用

指标说明：包括检修运维费用和其他运营费用中的可控部分。其他运营费用具体包括人员动因类费用、资产动因类费用、营业规模动因类费用、行为动因类费用、政策动因类费用。

计算公式：可控费用=检修运维费用+其他运营费用中的可控部分（最终以财务口径为准）。

指标 9：利润

指标说明：反映公司利润完成情况，包括利润总额和净利润。

计算公式：一般采用公司利润表中的利润总额和净利润，利润总额=营业利润+营业外收入−营业外支出；净利润=利润总额−所得税费用。

指标 10：营业收入利润率

指标说明：指公司营业利润与营业收入的比率。

计算公式：营业收入利润率=营业利润/营业收入×100%。

指标 11：资产总额

指标说明：指公司拥有或控制的全部资产的价值。

计算公式：资产总额=公司资产负债表中的资产总额。

指标 12：资产负债率

指标说明：指公司负债总额占企业资产总额的百分比。

计算公式：资产负债率＝（公司负债总额/公司资产总额）×100%。

指标 13：经济增加值（EVA）

指标说明：指企业的税后净营业利润减去全部资本成本后的余额。

计算公式：经济增加值（EVA）＝税后净营业利润－资本成本＝税后净营业利润－调整后资本×平均资本成本率。

指标 14：净资产收益率

指标说明：反映公司所有者权益的收益水平。

计算公式：净资产收益率＝净利润/所有者权益×100%

指标 15：职工人数

指标说明：指单位在报告期末最后一天拥有的全部职工人数。

计算公式：职工人数＝经国家电网公司核准，在国家电网公司系统各单位工作，并由各单位直接支付工资的人员数量。

指标 16：职工劳动生产率

指标说明：指公司创造的工业增加值与职工总数的比率。

计算公式：职工劳动生产率＝（劳动生产总值/全部职工平均人数）×100%。

指标 17：电网投资效率

指标说明：反映公司单位电网资产供电量。

计算公式：电网投资效率＝当年供电量/上年末电网资产总额。

指标 18：新兴业务收入规模

指标说明：指 14 类新兴产业集群培育业务当年内所取得的营业收入。

计算公式：新兴业务收入规模＝14 类新兴产业营业收入总金额。

（二）核心技术

指标 19：研发（R&D）经费投入强度

指标说明：研发（R&D）经费投入与营业收入比值。

计算公式：研发（R&D）经费投入强度＝［研发（R&D）经费投入/营业收入］×100%。其中：研发（R&D）经费投入是指为实施科学研究与试验发展而实际发生的全部经费支出，包括日常性研发（R&D）经费支出，购买固定资产、新技术、科研设备等支出，以及其他支出三部分。

指标 20：数字化发展指数

指标说明：反映公司在业务上线率、信息化应用水平、促进新兴业务升级等方面的综合性指标。

计算公式：数字化发展指数＝（0.25×设备联网率＋0.25×产业数字化率＋0.25×数字产业化率＋0.25×产业带动系数）×100。

指标 21：电网设备运行可靠率

指标说明：反映统计时间内电网设备持续运行的能力。

计算公式：包含输电故障停运率、变电故障停运率和直流强迫停运率。

其中，输电故障停运率可以通过设备故障停机率公式进行计算，具体公式为：设备故障停机率＝故障停机台时/（故障停机台时＋设备实际开动台时）×100%。

变电故障停运率的计算公式涉及多个方面，包括设备故障停机率和电力系统元件的停运率。设备故障停机率的计算公式为：设备故障停机率＝故障停机台时/（故障停机台时＋设备实际开动台时）×100%。

直流强迫停运率的计算公式通常用于描述发电机组在规定的统计周期内由于各种原因（如意外故障、设备缺陷或设备老化等）而被迫停运的概率。具体公式为：设备强迫停运率＝强制停机时间/总运行时间×100%。

指标 22：信息安全防护能力

指标说明：从人防和技防两个方面，反映公司在网络安全防御、数据安全保护等方面的综合性指标。

计算公式：信息安全防护能力指数＝0.2×网络安全防护体系建设成效＋0.2×态势感知平台建设完成率＋0.2×攻防对抗指数＋0.2×自主可控安全指数＋0.2×数据安全建设指数。

（三）服务品质

指标 23：重大决策部署完成率

指标说明：指党中央关于国企改革发展和能源电力发展等重大决策部署，以及公司重大决策部署的贯彻落实。

计算公式：重大决策部署完成率＝（实际贯彻落实的决策部署/应贯彻落实的决策部署）×100%。

指标 24：客户服务满意度

指标说明：指客户期望值与客户体验的匹配程度。

计算公式：客户服务满意度＝95598业务办理合规率×100－12398转办事件属实数×0.01－供电服务查实事件数×0.01。

指标25：电网频率合格率

指标说明：指电网频率在允许偏差内的时间与统计时间的百分比。

计算公式：电网频率合格率＝统计时段内频率合格时间/统计时段总时间×100%。

指标26：综合供电可靠率

指标说明：在统计期间内，对用户有效供电时间与统计时间的比率，反映了供电系统持续供电的能力。

计算公式：综合供电可靠率＝（1－用户平均停电时间/统计时间）×100%。

指标27：综合供电电压合格率

指标说明：指实际运行电压偏差在限值范围内的累计运行时间与对应总运行统计时间的百分比。

计算公式：综合供电电压合格率＝0.5VA＋0.5×（VB＋VC＋VD）÷3。其中VA、VB、VC、VD分别是A、B、C、D类电压检测点的电压合格率。

指标28：业扩服务时限达标率

指标说明：指时限达标的业务办理数量占已归档的业务总数的比重。

计算公式：业扩服务时限达标率＝（业务办理时限达标的已归档业扩新装和增容流程数/已归档的业扩新装和增容流程数总和）×100%。

（四）企业治理

指标29：合规与风险管控水平

指标说明：反映公司在合规管理和风险管控管理两个方面，不发生系统性风险的综合性指标。其中，合规部分包括制度完备、决策规范、体系完善和运营合规四个方面；风险防范包括风险防范有效性、内控有效性、处置有力和服务优质四个方面。

计算公式：合规与风险管控水平＝0.125×制度完备率＋0.125×重大决策合法合规性审核率＋0.125×合规体系完善率＋0.125×重大业务合法合规审查、审核率＋0.125×风险防范有效性＋0.125×内部控制有效性＋0.125×重大、重要案件督办率＋0.125×重大改革发展事项法律参与度。

（五）绿色发展

指标 30：线损率

指标说明：指线损电量占供电量的比例。

计算公式：线损率＝（供电量－售电量）/供电量×100%。

指标 31：清洁能源利用完成率

指标说明：按照各单位是否完成国家规定目标或公司下达水电、风电、光伏发电利用率指标的原则来设定。

计算公式：清洁能源利用完成率＝年度水电利用率完成度×40%＋年度风电利用率完成度×30%＋年度光伏发电利用率完成度×30%。其中：年度水/风/光发电利用率完成度是指各单位年度水/风/光发电利用率高于国家规定目标或公司下达指标的，完成度为 100%；低于目标的，每降低 1 个百分点，完成度减 10%，最低减至 50%。

指标 32：公司服务"双碳"目标贡献力

指标说明：反映公司服务"双碳"目标贡献情况。

计算公式：公司服务"双碳"目标贡献力＝$\sum$（非化石能源发电碳减排量＋终端电能替代碳减排量＋能效提升碳减排量＋线损碳减排量＋发电权交易碳减排量＋电力需求响应碳减排量＋供应链管理碳减排量＋输变电工程建设过程碳减排量＋绿色运维碳减排量＋办公用能碳减排量）。

其中，非化石能源发电碳减排量＝各地区非化石能源发电碳减排量＝各地区非化石能源发电量×对应区域基准排放因子。排放因子（系数）按照国家发布的标准执行，下同。

终端电能替代碳减排量＝当年电能替代碳减排量＝$\sum$各类被替代化石能源量×各类化石能源碳排放因子－电能替代电量×全国发电度电碳排放系数。

能效提升碳减排量＝当年能效提升碳减排量＝能效提升项目节电量×全国发电度电碳排放系数。节电量中，不含电能替代。

线损碳减排量＝当年线损碳减排量＝（上年线损率－本年线损率）×本年供电量×全国发电度电碳排放系数。

发电权交易碳减排量＝当年发电权交易碳减排量＝发电权交易前碳排放量－交易后碳排放量。（注：发电权交易中，不含清洁能源替代，主要指低碳发电对高碳发电的发电权替代交易。）

电力需求响应碳减排量＝当年需求响应碳减排量＝减少消费电量×全国发电度电碳排放系数＋节约电力系统建设投资×单位投资排放系数。

供应链管理碳减排量＝供应链管理全年总碳减排量＝全年电子化招标采购节约降低的碳排放量＋全年线上化远程投标及在线签约节约降低的碳排放量。

输变电工程建设过程碳减排量＝基建全过程施工碳减排量＝新材料应用减排量＋新工艺应用减排量＋新装备应用减排量。新材料指架空线路应用高强钢杆塔，碳减排量＝高强钢用量×钢材节约系数×钢材排放因子；新工艺指架空线路施工应用索道运输，碳减排量＝线路工程采用索道的减排指数×山区线路公里数；新装备指施工临建设施应用预制舱式临建，碳减排量＝预制舱式临建碳减排指数×工程数量。

绿色运维碳减排量＝绿色运维碳减排量＝技术碳减排量＋运维碳减排量，其中：技术碳减排量＝（新建站混合气体 GIS 应用间隔数＋在运站混合气体 GIS 改造间隔数）×每间隔 SF_6 气体节约用量× SF_6 气体碳排放因子；运维碳减排量＝∑运维单位管辖变电站数×平均管辖半径×年度减少巡视频次数×交通工具油耗×燃料碳排放因子＋∑运维单位变电站站用电量×智能控制站端设备节省用电占比×对应年度全国发电度电碳排放系数。

办公用能碳减排量＝办公用能碳减排量＝（基准年碳排放强度－当年碳排放强度）×当年办公用能对应总面积，其中：碳排放强度＝∑各单位碳排放总量÷∑各单位办公用能对应面积；各单位碳排放总量＝化石燃料燃烧消耗量×化石燃料燃烧排放因子＋购入电力量×全国发电度电碳排放系数＋购入热力量×热力排放因子。

二、专项解释

（一）专项1：电网基建

1. 专项界面

（1）电网建设和扩展性改造项目。

（2）独立二次项目（总投资 1000 万元以上，独立于输变电工程一次系统以外的配电自动化、通信、调度自动化新建或整体改造项目）。

（3）常规水电站、抽水蓄能电站建设、扩展性改造项目。

2．国网公司管理界面

（1）特高压交流项目。

（2）特高压直流、跨省直流项目。

（3）跨省 500～750kV 项目。

（4）省内涉及网架结构的 500～750kV 项目。

（5）独立二次项目。

（6）抽水蓄能及其他调峰水电项目。

（7）国网总部统一部署实施的项目（签报事项等）。

（8）国网总部指定的其他重大项目。

注：市公司管理 35kV 及以下项目明细。

（二）专项 2：电网小型基建

1．专项界面

（1）调度控制、生产管理、运行检修、营销服务、物力保障、科研实验、教育培训、数据机房等技术业务用房的新建、扩建和购置项目。

（2）周转倒班房、食堂、车库等生产辅助用房的新建、扩建和购置项目。

注：1. 产业基地生产经营服务的配套设施的新建、扩建和购置，纳入产业基地建设工程项目，其单独建设的生产配套设施，纳入小型基建管理范围。2. 调度控制（分）中心、应急指挥中心、运营监测（控）中心、信息通信机房、营业厅、实验室等专业用房装修费用及配套设备设施费用列入相应专项计划。

2．国网公司管理界面

总投资 2000 万元及以上（不含征地费），或建筑面积 5000 ㎡ 及以上的项目。

（三）专项 3：生产技改

1．专项界面

（1）电网一次设备、变电站自动化系统、调度自动化系统、继电保护及安全自动装置、电力通信系统、自动控制设备、电网生产建筑物、构筑物等辅助及附属设施、安全技术劳动保护设施、非贸易结算电能计量装置、监测装置技术改造项目。

（2）常规水电站、抽水蓄能电站（非省管产业、非代管）相关生产设备设施，以及生产建筑物、构筑物等辅助及附属设施、安全技术劳动保护设施、非贸易结算电能计量装置、监测装置技术改造项目。

注：1. 不含整站、整线或扩大电网规模、提高输电能力的整变、整间隔改造。2. 不含营销、信息以及归入公司产业管理的技术改造。3. 不含生产辅助性配套设施、房屋等建筑、改造和装修。

2. 国网公司管理界面

（1）电网生产技改"规模限上"项目：① 单项投资 2000 万元及以上的电网一次系统改造项目；② 单项投资 1500 万元及以上的电网二次系统改造项目。

（2）国网总部出资项目。

（3）省间委托运维资产项目。

（4）国网总部指定的其他重大项目。

（5）单项投资 2000 万元及以上的抽水蓄能及其他调峰水电改造项目。

（6）整站装机大于 5 万 kW，涉及水轮机、发电机、主变、开关站等主设备整体改造项目。

（四）专项 4：生产辅助技改

1. 专项界面

（1）调度控制、生产管理、运行检修、营销服务、物力保障、科研实验、教育培训、数据机房等技术业务用房中办公用房及其配套设备设施改造项目。

（2）周转倒班房、食堂、车库等生产辅助用房及其配套设备设施改造项目。

2. 国网公司管理界面

（1）单项投资 300 万元及以上的后勤类项目。

（2）单项投资 100 万元以上的教培类项目。

（3）国网总部统一部署实施的项目（签报事项等）。

（4）国网总部指定的其他重大项目。

（五）专项 5：零星购置

1. 专项界面

（1）生产办公需要的交通运输车辆购置。

（2）固定资产目录内、未纳入工程项目管理的、可以独立发挥作用且无建筑安装工程量的仪器仪表、测试设备、生产管理用工器具、办公及辅助设备购置，以及为生产生活服务的其他设备购置。

2. 国网公司管理界面

（1）交通运输车辆。

（2）国网总部统一部署的专业零购设备。

（六）专项 6：生产大修

1. 专项界面

（1）电网一次设备、变电站自动化系统、调度自动化系统、继电保护及安全自动装置、电力通信系统、自动控制设备、电网生产建筑物、构筑物等辅助及附属设施、安全技术劳动保护设施、非贸易结算电能计量装置、监测装置修理项目。

（2）常规水电站、抽水蓄能电站相关生产设备设施，以及生产建筑物、构筑物等辅助及附属设施、安全技术劳动保护设施、非贸易结算电能计量装置、监测装置修理项目。

2. 国网公司管理界面

（1）电网生产大修"规模限上"项目，即单项投资 1500 万元及以上的大修项目。

（2）国网总部出资项目。

（3）省间委托运维资产项目。

（4）国网总部指定的其他重大项目。

（5）单项投资 1000 万元及以上的抽水蓄能及其他调峰水电大修项目。

（6）整站装机大于 5 万 kW，涉及机组 A 级检修项目。

（七）专项 7：生产辅助大修

1. 专项界面

（1）调度控制、生产管理、运行检修、营销服务、物力保障、科研实验、教育培训、数据机房等技术业务用房中办公用房及其配套设备设施修理项目。

（2）周转倒班房、食堂、车库等生产辅助用房及其配套设备设施修理项目。

2. 国网公司管理界面

（1）单项投资 300 万元及以上的后勤类项目。

（2）单项投资 100 万元以上的教培类项目。

（3）国网总部统一部署实施的项目。

（4）国网总部指定的其他重大项目。

（八）专项 8：电力市场营销

1. 专项界面

（1）用电营业（含网上国网运营建设、营销数据治理及应用、营销 2.0 运营建设、营销服务自动化终端设备、移动作业终端、营销网络与信息安全等）。

（2）售电市场开拓（自备电厂替代、营业区拓展等）。

（3）能效服务（电能监测、能效诊断、电力需求响应、用电检查及客户安全服务、示范项目建设等）。

（4）供电服务投入（含服务渠道智能化建设、服务渠道功能优化、营业网点和客户服务中心服务设施配备和业务功能升级改造、供电服务大数据分析、满意度调查等）。

（5）电能计量与采集［含计量基标准及自动化检测能力建设、计量装置、用电信息采集、防（反）窃电及降损、现场作业安全管控能力建设等］。

（6）乡村电气化（含扶贫、乡镇供电所设施完善与管理、农村安全用电管理等）。

（7）智慧用电（电网与电动汽车智能互动、客户侧储能及分布式电源服务、家庭智慧用电服务、负荷运行优化等）。

（8）计量中心和营业网点等营销用房的修缮投入。

注：1. 充电设施项目纳入产业基建。2. 网上国网、客户服务中台及配套基础支撑环境建设、绿色国网、营销 2.0 等业务应用系统、智慧能源服务平台、营销稽查系统等，纳入电网数字化专项管理。3. 营销用房的新建（含装修）、改扩建项目，纳入电网小型基建专项管理。

2. 国网公司管理界面

国网总部指定的重大项目。

（九）专项 9：电网数字化

1. 专项界面

（1）基础设施建设项目（主要包括网络层、云平台建设及配套软硬件，也包含供应链、财务等管理类智慧物联网关。其中，网络层仅包含管理信息大区和互联网大区信息网络，不包含骨干通信网和终端通信接入网）。

（2）企业中台建设项目（包括数据中台、业务中台、物联平台等建设项目）。

（3）业务应用项目（包括电网生产、客户服务、企业经营管理三类业务应用建设项目）。

（4）数据工程类项目（包括对数据资源进行接入整合、加工处理和开发利用，通过数据管理和数据分析挖掘实现数据价值的数据工程类相关项目）。

（5）网络安全项目（包括网架安全、基础防护、数据安全、在线监测等相关项目）。

（6）运营服务项目（包括支撑电网数字化建设和应用相关的系统迁移入池、升级、性能优化和信息支撑等技术支撑和常态化服务项目）。

注：1. 各专项数字化建设需求项目，统一纳入电网数字化专项管理。2. 各类基建、改造工程中的数字化设备纳入相应基建、改造项目，不单独立项。3. 电网数字化投入以部署在管理大区和互联网大区数字化平台及应用为主。

2. 国网公司管理界面

国网总部统一组织建设电网数字化项目。

（十）专项 10：研究开发

1. 专项界面

（1）新产品、新技术、新材料、新工艺、新标准、决策支持技术的研究，新技术应用以及总（分）部技术服务等。

（2）直属科研单位实验室及相关配套设施建设、改造和修缮等投入项目。

2. 国网公司管理界面

（1）研究项目：限上项目。

（2）实验条件建设项目：① 单项投资 1000 万元及以上的项目；② 总部指定的其他重大项目。

（十一）专项 11：管理咨询

1. 专项界面

（1）各单位发展战略专题研究项目。

（2）电力、电网发展的理论、政策、管理等重大问题研究项目。

（3）关系公司改革发展的重大理论性、实践性研究项目。

（4）与国外能源行业和公用事业企业的对比性研究项目。

（5）公司重点关注的其他战略和管理咨询项目。

注：不包括电网规划的基础研究项目、工程前期咨询项目、信息系统建设等技术咨询与开发项目，以及法律、税务、审计、会计等常规性的中介机构服务项目。

2. 国网公司管理界面

所有项目为国网总部管理项目。

（十二）专项 12：**教育培训**

1. 专项界面

职工培训、人才评价、培训开发、培训购置类相关项目。

2. 国网公司管理界面

（1）单项费用总额 300 万元以上的项目。

（2）单项费用总额 100 万元以上且不超过 300 万元的人才评价项目、培训开发项目、培训购置项目。

（十三）专项 13：**产业基建**

1. 专项界面

省公司所属产业单位（非省管产业）为扩大生产能力等进行的建设和扩展性改造项目。

注：省公司所属产业单位包括综合能源服务、电动汽车服务、智能电网技术、信息通信等四类市场化产业单位。

2. 国网公司管理界面

（1）电工装备、信息通信、电动汽车服务、电子商务、综合能源固定资产投资等单项投资 3000 万元及以上的项目。

（2）系统内配电网节能改造单项投资 2000 万元及以上的项目。

（3）物资服务、通用航空、传媒业务等支撑服务类产业单位投资项目。

（4）新能源项目。

（5）列入产业投资负面清单特别监管类的投资项目。

（6）国网总部指定的其他重大项目。

（十四）专项 14：**产业技改**

1. 专项界面

省公司所属产业单位（非省管产业）生产运行设备、设施及辅助性生产设施技术改造等项目。

注：省公司所属产业单位包括综合能源服务、电动汽车服务、智能电网技术、信息通信等四类市场化产业单位。

2. 国网公司管理界面

（1）单项投资 500 万元及以上的项目。

（2）列入产业投资负面清单特别监管类的投资项目。

（3）国网总部指定的其他重大项目。

（十五）专项 15：产业大修

1. 专项界面

省公司所属产业单位（非省管产业）为保障生产能力进行的设备、设施及辅助性生产设施维修项目。

注：省公司所属产业单位包括综合能源服务、电动汽车服务、智能电网技术、信息通信等四类市场化产业单位。

2. 国网公司管理界面

（1）单项投入 500 万元及以上的项目。

（2）国网总部指定的其他重大项目。

（十六）专项 16：股权投资

1. 专项界面

（1）电力供应与电网服务类（电力供应、电力生产、电力调度、新能源开发、电网规划设计、施工安装与运行维护，电力信息通信，电力科技研究与开发，电工电气产品研发、制造，电力工程监理、招投标代理等）。

（2）产业类［物流服务，出版传媒、电子商务、电动汽车服务、能源生产（能源生产、抽水蓄能、水电、风电、光伏、生物质发电、综合能源服务）、物资服务、通用航空、物业服务、工程总承包等］。

2. 国网公司管理界面

（1）计划（预算）内单项总投资额在 2 亿元及以上的新增和追加参股项目。

（2）国网总部决策的其他重大项目［包括但不限于投资执行需求与下达计划（预算）偏差 20% 的项目等］。

3

综合计划管理内容

一、项目常态储备

（一）工作要求

项目储备实行常态化动态储备管理，放宽入库条件，按需实时入库，严控出库标准，所有项目须符合公司投资问题清单及非主业投资管理等监管要求。

衔接战略规划：紧密衔接公司规划、电网规划及各单位功能定位，确保储备项目符合规划方向、符合各单位功能定位。

项目关联论证：各专业部门开展专业内的关联论证，形成项目储备关联论证报告，报发展部；发展部结合专项间的项目关联情况，形成总体项目储备关联论证报告。

规范批复文件：限下项目可研批复文件必须为公司各单位级文件，不得以部门文件、函、会议纪要等方式代替。限上项目及总部管理的限下项目按公司相关规定执行。

（二）工作内容

下发储备要求和指南：发展部组织开展项目常态储备工作，各专业部门结合内外部形势、重点工作任务，明确专项储备指南。

项目需求入库：各级专业部门从生产经营实际需要出发，提出项目需求，及时录入项目储备库。

可研论证环节：各部门、各单位编写项目可研，明确项目实施的必要性、可行性、经济性，对比选择技术方案和设备参数，确保可研内容完整，满足储备深度要求。部分金额较小的项目和零星购置等项目根据专业管理要求可编制项目建议书。

可研评审环节：按照限上、限下界面，充分发挥各级经研院（所）评审支撑作用，从专业和技术经济角度，充分论证项目必要性。评审单位严格按照国家和公司相关标准要求，优化实施方案和设备选型，明确项目投入估算，出具评审意见。

可研批复环节：按照项目批复权限，各级专业管理部门以评审意见为依据，规范可研批复文件格式，确保批复文件要素齐全，不得使用会议纪要等方式代替可研批复文件。

项目出库：项目完成可研批复后方可纳入综合计划安排实施。股权投资项目应先履行决策程序后纳入计划安排。各级董事会、党委会决策项目及"三重一大"项目须单独履行决策程序后，再纳入综合计划安排。

（三）工作流程

项目常态储备工作流程如图 3-1 所示。

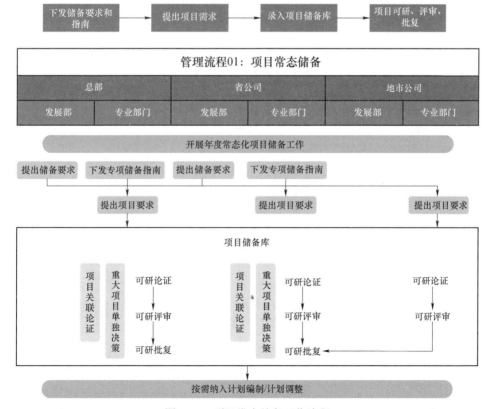

图 3-1　项目常态储备工作流程

二、总控目标确定与下达

（一）工作要求

总控目标是公司年度主要经营指标和发展投入规模的总体控制目标，是各单位综合计划编制的基础。

总控目标建议上报（一上）：按照总部下达总控规模指导意见，按需填报总控目标建议，原则上不允许突破指导意见。

总控目标决策下达（一下）：省公司以总部提出的下一年度总控目标建议为依据，组织编制省公司综合计划建议。

（二）工作内容

总控启动：总部发展部统一启动编制工作，总部提出总控规模原则和参考值，以及各专业重点任务，指导开展总控目标编制。

总控目标建议上报（一上）：按照总控目标编制要求，根据本单位经营实际和发展需求，省公司组织各专业部门提出下一年度主要经营指标和分专项投入规模建议，履行决策程序后上报总部。省公司根据总部下达的总控目标参考值，统筹平衡提出总控目标建议，履行决策程序后报总部。总控目标建议编制途径有两种方式，目前直接从省级专业部门编制汇总，也可以从市（县）级单位逐级编制上报汇总。

总控目标下达（一下）：省公司以总部提出的下一年度总控目标建议为依据，组织编制省公司综合计划建议。

（三）工作流程

总控目标确定与下达工作流程如图 3-2 所示。

三、项目预安排

（一）工作要求

开展项目预安排，对次年上半年急需实施的项目满足施工前准备要求，保障项目实施。省公司根据专业部门和各单位建议，向总部提出预安排建议，总部发展部据此提出预安排项目规模，下达总部管理预安排项目明细和各单位管

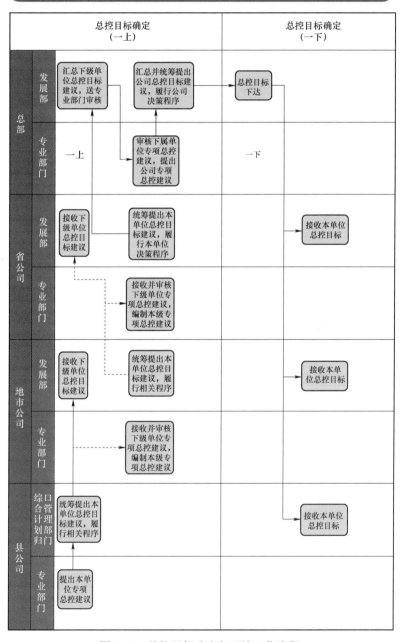

图3-2 总控目标确定与下达工作流程

理预安排专项计划规模，省公司分解下达自管规模预安排项目明细，且满足以下要求：

预安排项目范围：与电网安全生产关联紧密的电网基建、生产技改、生产大修、电网数字化4个专项。

预安排项目来源：项目储备库，且完成可研批复。

预安排项目规模：原则上不超本单位专项计划规模的30%。预安排项目在当年可提报物资和服务招标需求，不得发生资金支出或成本入账。原则上预安排项目须全部纳入次年计划安排。

（二）工作内容

启动：总部下达项目预安排计划建议编制工作启动通知。

预安排计划上报：省公司根据总部下达的预安排工作相关要求，提出预安排计划建议，履行本单位决策程序后报总部。总部发展部汇总省公司上报的预安排计划建议，按专业分解并送总部各专业部门审核。专业部门审核预安排计划建议，并提出总部专项预安排计划需求，编制专项预安排计划建议，送总部发展部。总部发展部参考专业部门审核意见，统筹平衡各单位预安排计划建议，会签相关专业部门后，下达国家电网公司预安排计划。

预安排计划下达：总部下达预安排计划，省公司接收下达的预安排计划并执行预安排项目。

（三）工作流程

项目预安排工作流程如图3-3所示。

四、计划编制与分解下达

（一）工作要求

省公司按照总部下达的总控目标，组织开展综合计划编制工作，会同相关专业部门，做好协调沟通，确保按时上报计划建议。

综合计划建议上报（二上）：按照综合计划编制要求，省公司根据总部下达的总控目标，统筹平衡提出综合计划建议，履行决策程序后报总部。

综合计划决策下达（二下）：总部发展部将省公司上报的综合计划建议分解发送总部专业部门审核，编制专项计划建议报告。总部发展部统筹优化，提

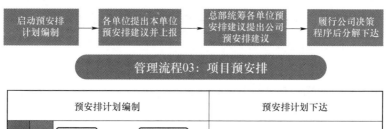

管理流程03：项目预安排

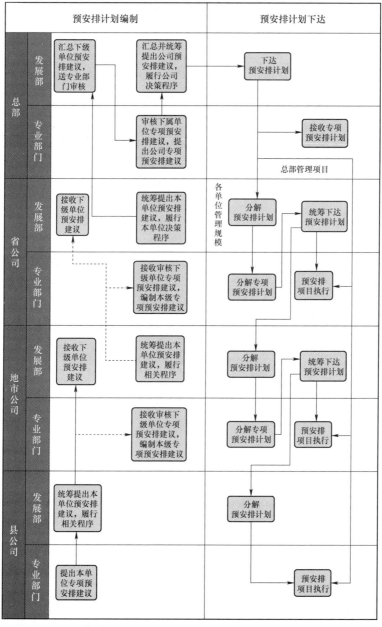

图 3-3 项目预安排工作流程

出国家电网公司综合计划建议，履行决策程序，形成国家电网公司综合计划方案分解下达至省公司。

（二）工作内容

启动：总部发展部下达综合计划建议编制工作通知，统一启动综合计划建议编制工作。

综合计划建议上报（二上）：按照综合计划编制要求，省公司根据总部下达的总控目标，统筹平衡提出综合计划建议，履行决策程序后报总部。计划建议编制途径有两种方式，目前直接从省级专业部门编制汇总，也可以从市（县）级单位逐级编制上报汇总。

综合计划决策下达（二下）：

（1）总部发展部将省公司上报的综合计划建议分解发送总部各专业部门审核，总部各专业部门编制专项计划建议报告。总部发展部统筹优化，提出国家电网公司综合计划建议，履行决策程序，形成国家电网公司综合计划方案分解下达至省公司。

（2）省公司接收总部下达的计划，做好分解落实。对自管规模，可按实际需要进行分批分解。自管规模内实施项目，在综合计划建议阶段已经公司决策的，可直接分解实施；未经决策项目，需履行相应决策程序后纳入计划实施。

（3）地市级公司发展部门接收省公司下达的批次计划。对省公司下达的项目明细及计划规模，履行决策程序做好分解下达实施。

（4）县公司接收本单位计划，履行决策程序后按专项分解发送给专业部门执行。

（三）工作流程

计划编制与分解下达工作流程如图 3-4 所示。

五、计划执行与过程管控

（一）工作要求

省公司对各单位综合计划执行情况进行全过程监督。

省公司发展部：定期开展综合计划执行情况分析，按月对各单位综合计划执行进度、规范性、计划指标异常等情况进行通报，不定期组织开展各单位计

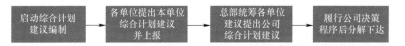

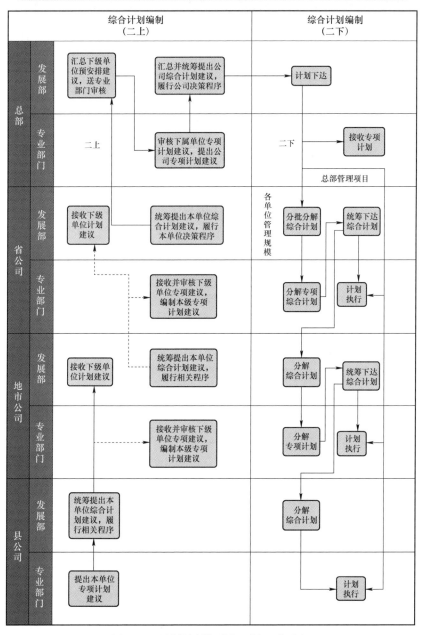

图3-4　计划编制与分解下达工作流程

划分解与执行情况监督检查，检查结果纳入年终综合计划评价。

省公司专业部门：定期开展本专业归口管理指标与专项计划执行情况分析，协调督导各单位做好计划执行。应用全口径全过程项目统计数据，通过"正向跟踪"进行计划执行情况多维度分析，跟踪各专项、各单位项目 ERP 建项、投入完成、物资提报、合同签订、成本入账、资金支出等各环节执行情况；通过"逆向溯源"检查计划外项目实施情况等。

地市级公司发展部：依托"网上电网"综合计划全景视窗模块，按月跟踪各专项计划执行情况，推动综合计划规范高效实施。

（二）工作内容

综合计划执行管控的主要内容包括指标计划执行管控与项目计划执行管控。

指标计划执行管控：重点跟踪检查指标计划的完成率。按照指标特性分为进度类计划指标和目标类计划指标。对于进度类计划指标，在执行管控中重点关注指标对照日历进度的偏差情况，对于目标类计划指标，在执行管控中重点关注指标对照目标值的偏差情况。同时，合理设置各项指标偏差预警值，对于超出预警值的指标做重点分析，并采取有效措施及时纠偏。

项目计划执行管控：主要从实施进度管理、项目资金管理、招标以及物资管理三个方面细化项目计划执行管控。实施进度管理方面，编制项目节点进度计划，由发展部组织各专业部门对项目实施进度进行管控；项目资金管理方面，编制项目资金预算进度计划，由财务部门对项目资金使用以及进度情况进行管理；招标以及物资管理方面，编制招标及物资进度计划，由物资部门对招标及物资计划实施情况进行管理。

六、计划调整与下达

（一）工作要求

根据外部环境变化和生产经营实际需要，总部和省公司按决策权限分别开展综合计划调整。各级"三重一大"项目须单独履行决策程序后，再进行调整。

常态化调整：专项自管规模内已下达项目调整，履行本单位相应决策程序，无需上报总部审核。

年度调整：总部管理项目和各专项自管规模调整，由总部在年度调整时统一决策下达。确需提前调整实施的，上报总部履行相应程序后先行实施，后续补充总部决策程序。

（二）工作内容

常态化调整：省公司发展部汇总各专业部门提报的调整需求，若为规模内调整，同意调整后履行相应决策程序下达调整计划。

年度调整计划编制：省公司统筹平衡提出年度调整计划建议，履行决策程序后报总部。年度调整计划建议编制途径有两种方式，目前直接从省公司专业部门编制汇总，也可从市（县）级单位逐级编制上报汇总。

年度调整计划下达：总部发展部下达年度调整计划。省公司接收下达的调整计划，下达下属各单位执行计划调整。

应急项目：

（1）应急项目绿色通道机制。应急项目采用备案管理方式，总部管理项目报总部备案；省公司管理项目，自管规模安排的在省公司内部完成备案程序，突破规模报总部备案。应急项目统一纳入综合计划调整下达。

（2）应急项目范围。因自然灾害或不可抗力突发的、威胁电网安全的项目，紧急供电项目，业扩配套项目以及新能源和分布式电源接入系统工程等项目，以及根据监管政策要求或市场环境变化需立即组织实施的市场化项目。

（3）应急项目范围管理流程。对于因自然灾害或不可抗力突发的、威胁电网安全的应急项目，可先组织实施，后按照专业项目管理界面履行备案程序。实施过程中需留存相关的通知、会议纪要等文件，纳入备案材料范围。对于其他应急项目，需由省公司专业管理部门按照项目分类开展可研（方案）论证、评审，完成可研批复，并按限额分级履行决策程序，报上级单位备案。备案程序履行完毕后，再组织实施。

特殊事项说明：对于确需提前调整实施的，上报总部履行相应程序后先行实施，后续补充总部决策程序。省公司由专项计划归口管理部门审核并履行签报程序。因自然灾害或突发不可抗力导致电网设备故障或安全隐患急需实施的项目，在自管规模内无法平衡，可按照相关专业管理办法和项目建设程序先行组织实施，后续纳入公司综合计划调整。

（三）工作流程

计划调整与下达工作流程如图 3-5 所示。

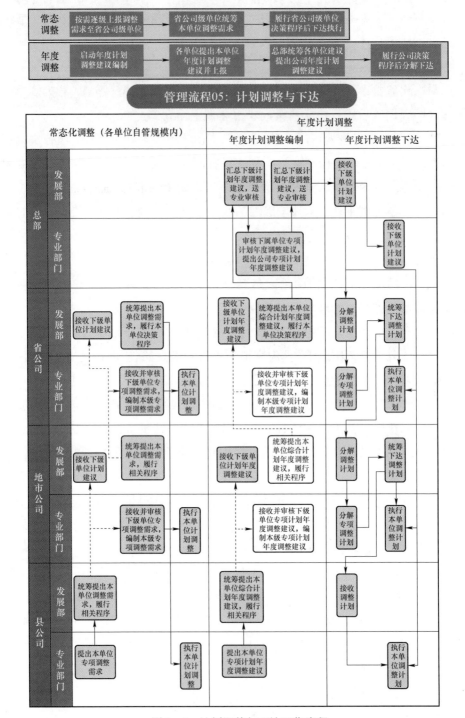

图 3-5　计划调整与下达工作流程

七、计划考核与评价

（一）工作要求

综合计划考核：综合计划执行考核纳入公司企业负责人业绩考核统一开展，按照相关管理办法进行。

综合计划评价：综合计划执行评价由省公司组织各专业部门开展，分级分类进行评价。坚持全过程评价原则，从规范性、时效性等方面对综合计划管理的全过程进行跟踪评价。采用系统排名、公司通报、月度会议（含公司月例会）等方式，对综合计划管理过程评价结果进行发布。

（二）评价体系

综合计划评价体系包括综合计划管理质效评价和综合计划管理过程评价，如图3-6所示，覆盖各级经营主体，层层压实效率效益责任。

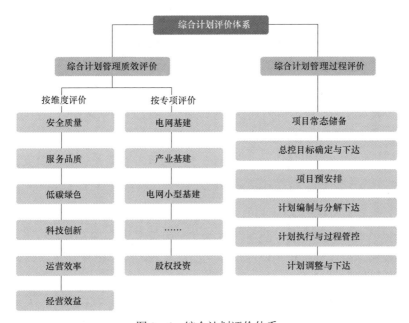

图3-6　综合计划评价体系

1. 综合计划管理质效评价标准

综合计划管理质效评价按照维度和专项进行分类。

维度评价方式，从安全质量、服务品质、低碳绿色、科技创新、运营效率和经营效益六个维度进行评价。安全质量设定指标 2 项，服务品质设定指标 2 项，低碳绿色设定指标 3 项，科技创新设定指标 3 项，运营效率设定指标 16 项，经营效益设定指标 11 项。具体指标体系内容详见附录 E。

专项评价方式，按照 16 个专项分别设定评价指标。16 个专项共计设定指标 106 项，其中电网基建专项设定指标 16 项，产业基建设定指标 6 项，电网小型基建设定指标 5 项，生产技改设定指标 8 项，产业技改设定指标 7 项，生产辅助技改设定指标 4 项，零星购置设定指标 4 项，生产大修设定指标 8 项，产业大修设定指标 7 项，生产辅助大修设定指标 4 项，电力市场营销设定指标 7 项，电网数字化设定指标 4 项，研究开发设定指标 6 项，管理咨询设定指标 5 项，教育培训设定指标 6 项，股权投资设定指标 9 项。

具体指标体系内容详见附录 F。

2. 综合计划管理过程评价标准

根据综合计划管理要求和业务流程，建立项目常态储备、总控目标确定与下达、项目预安排、计划编制与分解下达、计划执行与过程管控、计划调整与下达等六大环节过程评价指标体系，科学、客观、全面地评价各级单位综合计划过程管控情况。

项目常态储备：设定指标 6 项，考核单个项目的项目信息、可研完成情况，考核各级单位储备规模变化情况和常态储备开展情况。

总控目标确定与下达：设定指标 1 项，考核各级单位储备项目支撑情况。

项目预安排：设定指标 3 项，考核各级单位预安排规模占比和单个项目的执行、异常情况。

计划编制与分解下达：设定指标 1 项，考核各级单位分解下达落实情况。

计划执行与过程管控：设定指标 4 项，考核各级单位计划建项、实施和完成情况。

计划调整与下达：设定指标 4 项，从规模和数量两个维度，考核各级单位计划调整情况，以及分解下达落实情况。

具体指标体系内容详见附录 G。

综合计划数字化应用

综合计划支撑业务系统包括"网上电网"综合计划决策管理系统、项目中台和 ERP 综合计划分析模块。"网上电网"综合计划决策管理系统部署于"网上电网"平台，实现与 PMS、IRS 等专业管理系统数据同源、流程贯通；项目中台是衔接各系统的项目信息数据汇聚平台，共享项目数据、业务流程等共性服务，内置统一建项模块是项目 ERP 建项的前端入口；ERP 综合计划分析模块是检查项目执行的系统平台。综合计划支撑业务系统如图 4-1 所示。

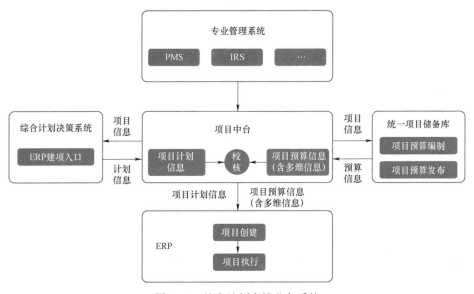

图 4-1　综合计划支撑业务系统

一、"网上电网"综合计划决策管理系统

（一）系统概述

综合计划决策管理系统❶是公司综合计划全口径、全过程管理信息系统，所有综合计划编制、上报、下达、分解、调整、推送 ERP 建项均在综合计划决策管理系统中进行，未纳入综合计划的项目不得实施。通过综合计划决策管理系统，为各单位、各专项项目提供项目录入、统计分析、决策支持、监督检查、考核评价等服务。综合计划决策管理系统全景视窗如图 4-2 所示。

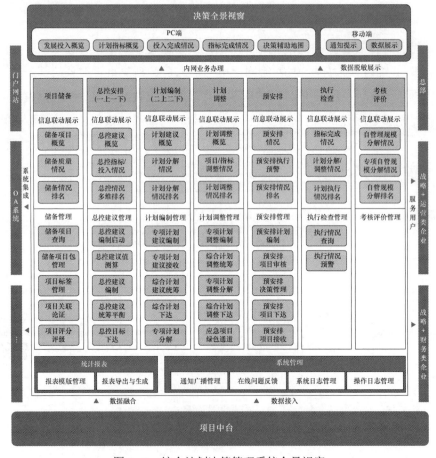

图 4-2　综合计划决策管理系统全景视窗

---

❶ 系统地址 http://pis.sgcc.com.cn/PowerInfo

系统为决策管理者提供核心指标和发展投入的可视化展示及智能化分析，为业务操作者提供数字化服务及便捷化操作，包括 9 个一级功能和 58 个二级功能，覆盖综合计划全口径、全过程。

（二）系统界面及主要功能

1. 项目储备

储备项目检索：对中台同步的储备项目进行展示，并可对储备项目进行检索，包括模糊、标签、精确查询三种方式，便于对储备项目的及时查看和维护。

储备项目管理：核查所查询项目的可研评审文号、可研批复文号，核对无误后，转入决策库。

储备项目检索及管理系统界面如图 4-3 所示。

图 4-3　储备项目检索及管理系统界面

2. 计划下达

查看权限内计划编制概览信息，根据需求配置展示计划上报和下达的常用指标信息，查看下级单位项目分解率排名情况。

根据总部综合计划安排，可创建批次，将创建好的批次项目发送专业部门进行批次分解，审核完专业部门发送的分解计划后，将计划下达给下级公司级单位发展部、本级单位专业部门。

项目分解：为对应项目包选择对应的分解项目。项目分解系统界面如图 4-4 所示。

图 4-4　项目分解系统界面

项目下达：下达计划并推送 ERP 建项。项目下达系统界面如图 4-5 所示。

图 4-5　项目下达系统界面

3. 计划调整

自管规模内常态化调整，由公司发展部汇总统筹调整计划需求，上会决策后下达。

项目调整编制：对相关项目调整信息进行编制，包括调整类型、调整金额、调整原因等。项目调整编制系统界面如图 4-6 所示。

项目调整下达：下达调整计划，并推送 ERP。项目调整下达系统界面如图 4-7 所示。

图4-6 项目调整编制系统界面

图4-7 项目调整下达系统界面

二、项目中台 ERP 统一建项流程

（一）统一建项说明

统一建项项目中台系统统筹综合计划和预算业务的管理要求，主要负责项目计划信息和预算信息的维护、校验，并与综合计划决策系统、ERP 系统交互项目信息和校验结果，为综合计划管理提供技术支撑。

（二）功能架构

网上电网系统将项目计划信息和项目预算信息给至项目中台，项目中台开展项目计划信息与预算信息的相关匹配校验。

项目中台完成计划和预算匹配校验后，将项目计划信息和预算信息推送给至 ERP，ERP 按照项目类型将计划和预算信息分别存储到落地表中，并通过接口反馈接收状态。

省市专业部门项目专责在"网上电网"选择拟建项目清单,维护建项所需信息后通过项目中台将项目编码、投资计划、WBS 模板(单项工程类型)、建设管理单位、建设管理部门、日期、电压等级等建项信息发送至 ERP 系统,ERP 根据建项信息自动完成项目创建、WBS 搭建、投资计划等环节,并反馈建项结果。

(三)建项流程

1. 访问路径

【项目管理运营平台❶】→首页【快捷入口】→【统一建项】。访问路径系统界面如图 4-8 所示。

图 4-8　访问路径系统界面

2. 前置操作

在"网上电网"综合计划决策管理系统中,计划下达——项目下达——计划下达列表——ERP 建项——选择项目——送 ERP,完成该操作后统一建项页面可以看到项目信息。

3. 批量维护建项信息

(1)导出:支持导出查询结果的所有项目和勾选后的项目;不勾选项目,点击【导出】,则导出符合查询条件的全部项目;勾选项目,点击【导出】,则导出选中的项目,仅第一页勾选项目起选中作用。

(2)导入:现仅支持 100 条导入(后面会增加),建项模板的前 100 条。

---

❶ 系统地址:http://20.1.39.51:20888/pmp_micro_portal/index.html

根据导出的模板进行维护，维护后保存。点击【导入】，选择保存的模板，点击确定完成导入。

（3）批量查询：项目编码处输入多个项目编码用"，"隔开（目前支持100条），点击【查询】，实现根据项目编码批量查询。

（4）分配建项单位：将项目分配给下级单位，让下级单位具备建项权限。

4. 单个维护建项信息

（1）进入统一建项页面，输入筛选条件：项目类型、年份、项目所属单位等，点击【查询】按钮查询结果；其中，【重置】按钮为清空"项目编码""项目名称"所填值。如图4-9所示。

图4-9　单个维护建项信息系统界面1

（2）补充项目建项信息，并点击【保存】按钮进行保存。如图4-10所示。

图4-10　单个维护建项信息系统界面2

（3）补充完建项信息后，选择需要建项的条目，点击【自动建项】按钮，项目正常建项。如图4-11所示。

图4-11　单个维护建项信息系统界面3

三、ERP 综合计划分析系统

本功能为项目全口径统计分析报表–综合计划分析功能，主要统计项目的创建、开工、入账情况。根据系统中实际业务情况，统计项目的需求提报金额、入账金额，并通过数据功能自动统计出综合计划项目的创建率、需求提报率、入账成本率。

本功能事务代码：ZPS00R002。

1. 操作类型

统计分析前，如需导入新增项目清单，选择导入，否则直接选择明细查询。

2. 导入步骤

（1）在区域 3 中选择保存路径，然后点击◙按钮，导出模板。

（2）模板填写完毕后在区域 2 中选择模板，然后点击◙按钮进行导入。导入新增项目清单系统界面如图 4-12 所示。

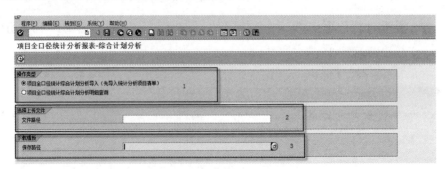

图 4-12　导入新增项目清单系统界面

导入模板说明：

1）序号：模板中序号从 1 顺序填写。

2）企业级编码：企业级编码器中申请的号码。

3）项目描述：为导入的项目名称。

4）项目定义：ERP 中的项目定义，可以不填写。

5）所属单位（自动带出）：所属单位（地市级）的简称。

6）是否预安排：预安排项目维护"是"，不是预安排项目维护"否"。

7）是否计划投资：投资计划内的项目维护"是"，自有项目维护"否"。

8）备注：其他特殊说明。

9）所属单位（必填）：单位的全称。

3. 查询参数

专项类别、项目定义可为空；企业级编码必填；利润中心可为空；导入用户无需更改；是否预安排："否"代表全部，"是"只统计预安排项目。查询参数系统界面如图 4–13 所示。

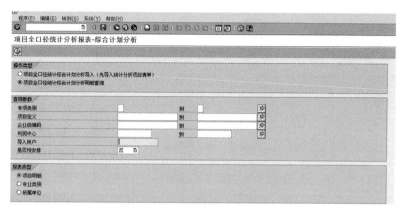

图 4–13　查询参数系统界面

4. 报表类型

（1）显示查询项目的明细信息，点击 导出EXCEL 按钮，导出项目明细及统计分析报告。项目明细系统界面如图 4–14、图 4–15 所示。

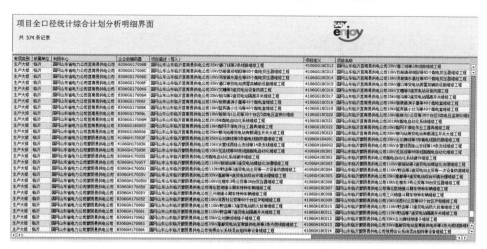

图 4–14　项目明细系统界面 1

项目全口径统计综合计划分析明细界面

共 574 条记录

项目名称	物资采购申请总金额	服务类采购申请总金额	需求提报总金额	物资入库金额	服务确认金额	项目入库总金额	是否待安排	是否计划投资	系统状态	用户状态	备注
国网山东临沂莒南县供电公司35kV道汀线等2条线路维修工程	554,096.10	240,000.00	794,096.10	4,686.40	0.00	4,686.40	否	是	已释放	项目开工	
国网山东临沂莒南县供电公司10kV坊前镇郑相邸等85个配电变压器维修工程	0.00	900,000.00	900,000.00	0.00	0.00	0.00	否	是	已释放	项目开工	
国网山东临沂莒南县供电公司10kV涝坡镇东高柱等85个配电变压器维修工程	0.00	900,000.00	900,000.00	0.00	0.00	0.00	否	是	已释放	项目开工	
国网山东临沂莒南县供电公司35kV道口等变电站房屋类辅助设施维修工程	0.00	900,000.00	900,000.00	0.00	0.00	0.00	否	是	已释放	项目开工	
国网山东临沂莒南县供电公司35kV文疃等5座变电站设备防腐工程	0.00	590,000.00	590,000.00	0.00	0.00	0.00	否	是	已释放	项目开工	
国网山东临沂莒南县供电公司35kV相沟等2座变电站隔离开关维修工程	0.00	260,000.00	260,000.00	0.00	0.00	0.00	否	是	已释放	项目开工	
国网山东临沂莒南县供电公司10kV板泉镇渊子崖等40个配电室维修工程	0.00	900,000.00	900,000.00	0.00	0.00	0.00	否	是	已释放	项目开工	
国网山东临沂莒南县供电公司10kV筵宾镇小仕沟等40个配电室维修工程	0.00	900,000.00	900,000.00	0.00	0.00	0.00	否	是	已释放	项目开工	
国网山东临沂莒南县供电公司10kV前柴沟1公变等38个台区D类电压监测仪维修工程	0.00	120,000.00	120,000.00	0.00	0.00	0.00	否	是	已释放	项目开工	
国网山东临沂莒南县供电公司2018年配电自动化系统维修工程	0.00	350,000.00	350,000.00	0.00	0.00	0.00	否	是	已释放	项目开工	
国网山东临沂莒南县供电公司10kV配网不停电作业工器具维修工程	0.00	120,000.00	120,000.00	0.00	0.00	0.00	否	是	已释放	项目开工	
国网山东临沂莒南县供电公司35kV柳沟站等变电站有载调压开关大修工程	0.00	270,000.00	270,000.00	0.00	0.00	0.00	否	是	已释放	项目开工	
国网山东临沂蒙阴县供电公司35kV云刘牌线等5条输电线路防腐维修工程	31,376.08	120,064.00	151,440.08	0.00	0.00	0.00	否	是	已释放	项目开工	
国网山东临沂蒙阴县供电公司10kV水营线西陡山支线等14条支线维修工程	1,343,463.25	533,612.00	1,877,075.25	903,905.43	0.00	903,905.43	否	是	已释放	项目开工	
国网山东临沂蒙阴县供电公司10kV龙廷线等88条线路配电自动化维修工程	0.00	550,000.00	550,000.00	0.00	0.00	0.00	否	是	已释放	项目开工	
国网山东临沂蒙阴县供电公司配电自动化系统硬件维修工程	0.00	350,000.00	350,000.00	0.00	0.00	0.00	否	是	已释放	项目开工	
国网山东临沂蒙阴县供电公司110kV新城站等2座变电站精益化治理维修工程	0.00	460,000.00	460,000.00	0.00	0.00	0.00	否	是	已释放	项目开工	
国网山东临沂蒙阴县供电公司110kV野店等2座变电站主变等一次设备防腐维修工程	0.00	510,000.00	510,000.00	0.00	0.00	0.00	否	是	已释放	项目开工	
国网山东临沂蒙阴县供电公司35kV高都等4座变电站综合环境治理维修工程	64,309.92	460,000.00	524,309.92	0.00	0.00	0.00	否	是	已释放	项目开工	
国网山东临沂蒙阴县供电公司10kV北楼东3号公变等36台变压器维修工程	0.00	850,000.00	850,000.00	0.00	0.00	0.00	否	是	已释放	项目开工	
国网山东临沂蒙阴县供电公司海伦哲绝缘斗臂车特种车辆维修工程	0.00	100,000.00	100,000.00	0.00	0.00	0.00	否	是	已释放	项目开工	
国网山东临沂蒙阴县供电公司三兴绝缘斗臂车特种车辆维修工程	0.00	60,000.00	60,000.00	0.00	0.00	0.00	否	是	已释放	项目开工	
国网山东临沂蒙阴县供电公司10kV河西村公变等60个台区JP柜维修工程	303,963.00	294,000.00	597,963.00	0.00	0.00	0.00	否	是	已释放	项目开工	
国网山东临沂蒙阴县供电公司110kV野店等13座变电站防火封堵维修工程	0.00	210,000.00	210,000.00	0.00	0.00	0.00	否	是	已释放	项目开工	
国网山东临沂蒙阴县供电公司110kV野店等7座变电站隔离开关维修工程	0.00	510,000.00	510,000.00	0.00	0.00	0.00	否	是	已释放	项目开工	
国网山东临沂蒙阴县供电公司35kV云刘牌线绝缘子维修工程	122,810.00	208,440.00	331,250.00	0.00	0.00	0.00	否	是	已释放	项目开工	
国网山东临沂蒙阴县供电公司35kV高都变电站至常路供电所等2条光缆线路维修工程	86,888.00	90,000.00	176,888.00	0.00	0.00	0.00	否	是	已释放	项目开工	
国网山东临沂蒙阴县供电公司视频会议系统混合矩阵等设备维修工程	1,352.69	190,000.00	191,352.69	0.00	0.00	0.00	否	是	已释放	项目开工	

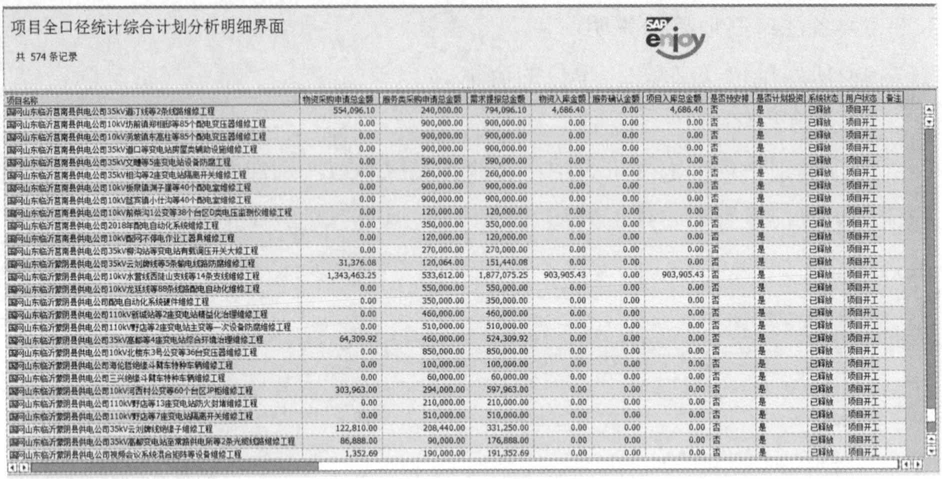

图 4-15　项目明细系统界面 2

（2）专业类别系统界面如图 4-16 所示。

项目全口径统计综合计划分析项目执行情况-专业类别

共13 条记录

专业类别	企业级编码器	项目定义	需求提报	入库	项目创建率（%）	项目启动率（%）	项目入库率（%）
信息项目	220	185	181	179	84.09	82.27	81.36
固定资产零购项目	2,408	2,072	1,998	1,832	86.05	82.97	76.08
基建项目	5,381	4,614	4,534	4,441	85.75	84.26	82.53
小型基建项目	182	111	100	97	60.99	54.95	53.30
教育培训项目	2,193	0	0	0	0.00	0.00	0.00
生产大修	3,038	385	384	384	12.67	12.64	12.64
生产技改	1,991	396	391	371	19.89	19.64	18.63
科技项目	590	565	512	511	95.76	86.78	86.61
管理咨询项目	2	2	2	2	100.00	100.00	100.00
营销项目	1,462	1,002	993	963	68.54	67.92	65.87

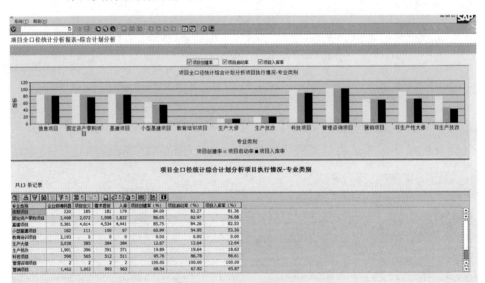

图 4-16　专业类别系统界面

显示各专业类别统计信息，其中：

1）“企业级编码”的总数是项目总数。

2）“项目定义”的数量是系统内创建项目数量。

3）项目创建率 = 项目定义数/企业编码数 × 100%。

4）项目启动率＝需求提报数/企业级编码数×100%。

5）入账成本率（项目入库率）＝项目入库数/企业级编码数×100%。

（3）显示各单位统计信息。各单位统计信息系统界面如图4-17所示。

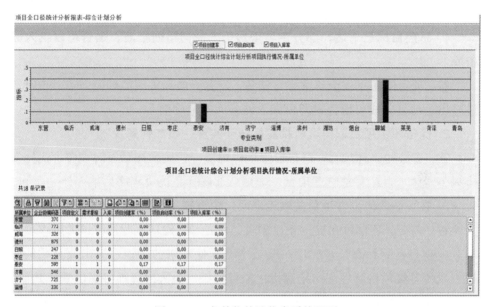

图4-17　各单位统计信息系统界面

附录 A　注意事项和问题说明

1. 总控目标已下达，部分专项项目仍未获得可研批复，是否可以纳入储备库？

答：项目储备采用全年常态化储备，没有开放和关闭的时间节点，按照宽进严出、项目完成可研评审即可纳入储备库的原则储备。

2. 储备库中项目取得可研批复后急于实施，该如何解决？

答：省公司管理项目，可在自管规模内履行决策程序后及时调整，优先安排调整紧急项目；总部管理项目，须报总部履行完决策程序后纳入计划实施。

3. 在可研阶段要做项目关联论证吗，由谁来主导？

答：需要。各单位在提出项目需求、开展可行性研究时，应该考虑该项目和其他项目是否存在建设时序关联或电气元件联络的因素，提出项目关联建议，以便各级项目管理部门统筹优化项目安排，最大发挥项目集群效率效益。完成可研评审后，各级专业部门负责开展本专业内储备项目关联论证，各级发展部负责开展本单位专项间项目关联论证。

4. 项目储备监督检查的重点是什么？

答：有三个方面，包括：需求提报、可研论证、评审、批复规模与上年计划同比；可研论证、评审、批复文件的可行性、必要性、技术经济性，各项文本规范性和有效性等；巡视审计中发现的与项目储备质量有关的问题。

5. 公司总控目标建议值由各单位确定还是由公司相关专业部门确定？

答：总部发展部根据公司的投资能力、规划情况、核价情况、历史数据等情况计算出一个参考值，公司发展部根据参考值，统筹本单位各专项总控建议或下属单位总控建议及专业审核意见，形成公司总控目标建议，上报总部发展部，总部发展部再征求专业部门意见，统筹各方建议并履行决策程序后确定。

6. 总部下达的总控目标参考值是否可以突破？

答：总部下达的总控目标参考值是总部在统筹考虑公司投资能力、投资需求以及其他边界条件因素后，给出的科学合理的投资限额，公司上报的总控目标建议原则上不得超过参考值，综合计划决策系统对超限情况将予以告警，相关单位需提供详细的原因说明和支撑性材料。

7. 综合计划建议上报阶段是否需要对公司管理的项目明细履行决策程序？

答：需要履行决策程序。公司管理规模内已履行过决策程序的项目可直接分批下达，规模内新增项目需履行决策程序后下达。

8. 经过关联论证形成的跨专业项目集群（不含总部管理项目），综合计划如何下达？

答：公司管理规模内跨专业集群项目履行相应决策程序后，将集群涉及的项目通过综合计划决策系统纳入相关专项下达并组织实施。

9. 哪些项目可以作为预安排项目？

答：预安排项目目前涵盖电网基建、生产技改、生产大修等 3 个专项，必须完成可研批复，确定于次年上半年开工，需核准的电网基建项目需进入核准流程，"三重一大"项目已履行完决策程序。

10. 预安排项目可以调整吗？

答：预安排项目是各单位梳理的，需提前开展招标等前期工作并急于开工的项目，项目实施条件应相对成熟，因此预安排项目原则上不得调整且应确保纳入次年综合计划。如项目外部条件尚不确定，不建议将其纳入预安排项目。

11. 综合计划每年是否只能调整一次？

答：根据目前综合计划管理要求，涉及总部管理项目、投资额度或者各单位计划指标的调整，由总部在年度调整时统一决策。对于公司管理投资额度内的项目调整，可根据实际情况多次调整，每次调整履行本单位相应决策程序，无需上报总部审核。

12. 未列入年度投资计划，但因客观条件发生变化或生产经营、市场竞争等因素急需新增的项目，如何完成计划调整？

答：公司开展自管规模范围内的项目调整，如需调整自管规模，或新增总部管理项目，应在项目完成储备并履行相关程序，报总部决策或备案后，方可完成计划调整，并统一纳入年度综合计划调整。

13. 目前发展后评价工作仅针对部分大中型电网基建项目开展，对其他专项项目后评估的开展形式和相关要求是什么？

答：由总部专业主管部门分别制定本专业项目后评估方式和要求，指导基层单位有效开展评估工作。

14. 在统计综合计划项目执行情况时，哪些项目延用形象进度法，哪些项目采用财务支出法？

答：续建项目仍延用形象进度法统计，待项目陆续投产后自然消化差异；2023年及以后新开工项目采用财务支出法统计。

15. 什么是财务支出法？

答："财务支出法"以财务报表为依据，对一定时期内建造和购置固定资产的工作量所对应的费用（价值）进行会计核算，以入账时间为计量时点，通过"在建工程"等会计科目下的金额反映固定资产投资完成额。

16. 综合计划指标和业绩考核指标的关系是什么？

答：基于两种指标体系的管理目的，业绩考核指标体系中与综合计划指标密切相关的指标，应该直接取自于综合计划指标体系，计算方法和统计口径应与综合计划指标保持一致。

17. 资本性项目和成本性项目的区别是什么？

答：资本性项目包括固定资产投资类项目和股权投资类项目。固定资产投资类项目所投入的资金在项目实施完毕后，需要进行转资形成新的固定资产，再按照规定的折旧率在以后的年度里逐年计提折旧，形成新的固定资产投资资金来源。成本性项目所投入的资金在当年计入当期成本予以消化，不存在形成资产以及后续计提折旧的问题。

18. 总部管理、各单位管理和限上、限下项目有什么区别？

答：总部管理项目是指由总部下达、调整分项投入规模，下达的项目；各单位管理项目是由总部下达、调整分项投入规模，各单位分解下达的项目。限上项目是指由总部批复可研的项目；限下项目是指由各单位批复可研。

19. 改革改制后的省管产业单位综合计划如何管理？

答：按照国务院厂办大集体改革要求和国资委工作部署，公司省管产业将改制为国有产权，实现省管产业同质化管理。按照国家电网公司综合计划管理工作要求，自2024年起，实施省管产业综合计划同质化管理，充分发挥省公司管理主体作用，摸清省管产业单位管理现状和资产存量，按照"依法合规、聚焦主业"原则，建立制度标准，将省管产业经营指标、发展投入纳入本单位综合计划管理，规范业务内容，防范投资风险。

附录 B 专业名词解释

名词 1："三重一大"事项

"三重一大"事项是指涉及企业重大决策、重要人事任免、重大项目安排和大额度资金运作的事项。其中，重大项目安排事项是指对公司资产规模、资本结构、盈利能力以及电网装备、科技研发、信息技术等产生重要影响的项目的设立和安排事项。

名词 2：发展总投入

发展总投入分为资本性投入和成本性投入，资本性投入分为固定资产投资和股权投资。

名词 3：总控目标

总控目标是公司年度主要经营指标和发展投入规模的总体控制目标，是综合计划建议编制的基础。总控目标由省公司提出建议，总部统一决策确定下达。

名词 4：总控目标建议上报（一上）

按照总控目标编制要求，根据省公司经营实际和发展需求，确保落实公司重点任务，提出下一年度主要经营指标和分专项投入规模建议，履行省公司决策程序后上报总部。

注：省公司的总控目标建议编制途径有两种方式，目前采用直接从省级专业部门编制汇总，也可以从市（县）级单位逐级编制上报汇总。

名词 5：总控目标决策下达（一下）

总部发展部将各单位上报的建议分解发送至总部专业部门审核，统筹平衡提出国家电网公司下一年度总控目标建议，履行国家电网公司决策程序后分解下达。省公司以此作为编制综合计划建议的依据。

名词 6：综合计划建议上报（二上）

省公司按照综合计划编制要求，根据总部下达的总控目标，统筹平衡提出综合计划建议，履行省公司决策程序后报总部。

注：省公司的计划建议编制途径有两种方式，目前采用直接从省级专业部门编制汇总，

也可以从市（县）级单位逐级编制上报汇总。

名词 7：综合计划决策下达（二下）

总部发展部将各单位上报的综合计划建议分解发送总部专业部门审核，总部专业部门编制专项计划建议报告。总部发展部统筹优化，提出国家电网公司综合计划建议，履行国家电网公司决策程序，形成国家电网公司综合计划方案分解下达至省公司。

附录 C 项目命名规则

1. 项目命名基本原则

（1）项目命名必须符合国家有关法律、法规；

（2）项目命名需由项目命名基本要素构成；

（3）项目命名要素如有规范简称，必须使用规范简称；

（4）项目命名应体现各专项项目专业特性及主要内容；

（5）项目命名应具有唯一性，不同项目命名不应重复。

2. 项目命名规范

项目命名基本要素从项目管理业务出发，以项目类型为单元分别进行梳理、归纳与整合，有利于同类项目命名规范化、标准化管理。不同项目类型项目命名基本要素侧重各不相同，主要集中在项目所在地、项目所属单位、项目内容、项目性质等方面。各类项目命名包含基本要素见表 C-1。

表 C-1 各类项目命名包含基本要素

项目类型	基本要素									
	项目所在地	项目所属单位	电压等级	项目内容	项目性质	调度名称	业务科目	项目类别	项目实施主体	项目实施年份
电网基建项目	√		√	√	√			√		√
电网小型基建项目		√		√	√					
生产技改、生产大修项目		√	√	√	√	√				
零星购置项目		√		√	√					
电力营销投入项目		√		√	√			√		√
电网数字化项目		√		√	√		√	√		
生产辅助技改、生产辅助大修技改		√		√	√					
教育培训项目		√		√	√					
产业基建、产业技改、产业大楼项目		√		√	√				√	
研究开发项目		√		√						
管理咨询项目		√		√						
股份投资项目		√		√						

项目命名基本要素代码见表 C-2。

表 C-2　　　　　　　　　　项目命名基本要素代码

基本要素	要素代码
项目所在地	B01
项目所属单位	B02
项目内容	B03
电压等级	B04
项目性质	B05
调度名称	B06
业务科目	B07
项目类别	B08
项目实施主体	B09
项目实施年份	B0A

各类项目命名规则见表 C-3。

表 C-3　　　　　　　　　　各类项目命名规则

项目分类		项目命名规则	备注
电网基建项目	输变电工程		
	新建工程	项目所在地（B01）+站名（B03）+电压等级（B04）+kV+输变电新建工程（B05）	
		示例：山东滨州博兴马庙 110kV 输变电工程	
	改造\扩建\增容工程	项目所在地（B01）+站名（B03）+电压等级（B04）+kV+输变电改造\扩建\增容工程（B05）	
		示例：山东青岛沧口 110kV 变电站改造工程	
	改造\扩建\增容工程		
	纯变电工程	项目所在地（B01）+站名（B03）+电压等级（B04）+kV+变电站+新建工程（B05）	
		示例：山东齐河 500kV 变电站新建工程	
	改造\扩建\增容工程	项目所在地（B01）+站名（B03）+电压等级（B04）+kV+变电站/开关站(主变或间隔)(B08)+改造\扩建\增容工程(B05)	
		示例：山东泰安彩山 220kV 变电站 2 号主变扩建工程	
	纯线路工程		
	新建工程	项目所在地（B01）+站名～站名（B03）+电压等级（B04）kV+线路工程（B08）	
		示例：山东烟台光州～鹤顶 220kV 线路工程	

项目分类		项目命名规则	备注
电网基建项目	新建工程	项目所在地（B01）+站名（B03）～项目所在省（B01）+站名（B03）+电压等级（B04）+kV+线路工程（B08）	适用于跨省线路工程
		示例：山东菏泽广德～河南商丘 220kV 线路工程	
		项目所在地（B01）+站名～站名 π 入（改接、T 接）（B03）+站名（B03）+电压等级（B04）+kV+线路工程（B08）	
		示例：山东明集～西王线路 π 入千乘 220kV 线路工程	
	改造工程	项目所在地（B01）+站名～站名（B03）+电压等级（B04）+kV+线路改造工程（B05）	
		示例：山东临沂兰陵～宝泉 220kV 线路改造工程	
	送出工程		
	电源送出工程	项目所在地（B01）+电厂名称（水电、风电、光伏、燃气等）（B03）+电压等级（B04）+kV+送出工程（B08）	
		示例：山东济宁鲁西发电 220kV 送出工程	
	配套送出工程	项目所在地（B01）+站名（B03）+电压等级（B04）+kV+变电站+电压等级（B04）+kV+送出工程（B08）	
		示例：山东临沂艾山 220kV 变电站 110kV 送出工程	
	电铁供电工程	铁路简称（B03）+项目所在地（B01）+牵引站名（B03）+电压等级（B04）+kV+外部供电工程（B08）	如无明确牵引站名，可不添加
		示例：山东聊城郑济高铁茌平南牵引站 220kV 外部供电线路工程	
	升压、降压工程	项目所在地（B01）+站名（B03）+电压等级（B04）+kV+变电站（开关站）（B08）+升压工程（B08）	
		示例：山东聊城干渠 110kV 变电站升压工程	
	独立二次项目		
	配电自动化项目	项目所在地（B01）+配电自动化新建工程（B05）	
		示例：山东泰安配电自动化新建工程	
		项目所在地（B01）+配电自动化主站系统（B03）+建设（或改造）工程（B05）	
		示例：山东泰安配电自动化主站系统建设工程	
		项目所在地（B01）+配电自动化终端建设和相关一次设备改造工程（B05）	
		示例：山东泰安配电自动化终端建设和相关一次设备改造工程	
		项目所在地（B01）+通道通信设备（B03）+建设（或改造）工程（B05）	
		示例：山东泰安配电自动化终端建设和相关一次设备改造工程	
	通信项目	项目所在地（B01）+光缆（B03）+建设（或改造）工程（B05）	
		示例：山东泰安光缆建设工程	

续表

项目分类		项目命名规则	备注
电网基建项目	通信项目	项目所在地（B01）＋光通信系统（B03）＋建设（或改造）工程（B05）	
		示例：山东泰安光通信系统建设工程	
		项目所在地（B01）＋通信数据网（B03）＋建设（或改造）工程（B05）	
		示例：山东泰安通信数据网建设工程	
		项目所在地（B01）＋调度交换网（B03）＋建设（或改造）工程（B05）	
		示例：山东泰安调度交换网建设工程	
	调度自动化	项目所在地（B01）＋省级电网调度控制系统（B03）＋建设（或改造）工程（B05）	
		示例：山东济南省级电网调度控制系统建设工程	
		项目所在地（B01）＋地县调控一体化系统（B03）＋建设（或改造）工程（B05）	
		示例：山东济南地县调控一体化系统建设工程	
		项目所在地（B01）＋调度数据网（B03）＋建设（或改造）工程（B05）	
		示例：山东潍坊调度数据网地调第一接入网整体改造工程	
	35kV 及以下项目包	项目实施年份（B0A）＋项目所在地（B01）＋电压等级（kV）（B04）＋（批次）（B03）＋项目包（B03）	项目所在地总部层面具体到省公司名称，省公司层面具体到区、县名称
		示例：莱芜公司 2022 年第一批老旧小区改造专项项目包	
	10kV 及以下配网项目		
	新建工程	项目所在地（B01）＋电压等级（kV）（B04）＋设备（设施）名称（B03）＋新建工程（B05）	① 设备（设施）包括环网柜、电缆分支箱、箱式变电站、配电室、开闭站等变电设备（设施），柱上开关、架空线路、电缆线路；② 项目所在地总部层面具体到省公司名称，省公司层面具体到区、县名称
		示例：日照莒县 110kV 刘官庄站 10kV 刘沙线新建工程	
		项目所在地（B01）＋电压等级（kV）（B04）/低压线路（B08）＋台区（B03）＋新建工程（B05）	项目所在地总部层面具体到省公司名称，省公司层面具体到区、县名称
		示例：日照东港三庄镇 10kV 竖旗山 3 号台区等 2 个台区新建工程	

项目分类		项目命名规则	备注
电网基建项目	新建工程	项目所在地（B01）＋电压等级（kV）（B04）＋配套送出/自动化/电源接入工程（B08）	① 电源接入包括分布式电源、电动汽车充换电设施、储能装置接入等；项目所在地总部层面具体到省公司名称，省公司层面具体到区、县名称； ② 项目所在地总部层面具体到省公司名称，省公司层面具体到区、县名称
		示例：临沂罗庄 220kV 望山站 10kV 配套送出工程	
	改造工程	项目所在地（到地市/县公司）（B01）＋电压等级（kV）（B04）/低压线路（B08）＋线路名称（B03）＋改造工程（B05）	改造工程包括架空线入地、绝缘化改造、导线小线径改造、分段/联络改造等
		示例：潍坊昌邑 110kV 石埠站 10kV 薛庄线等 2 条线路改造工程	
		项目所在地（到地市/县公司）（B01）＋电压等级（kV）（B04）＋设备（设施）名称（B03）＋改造/更换工程（B05）	① 设备（设施）包括配变、环网柜、电缆分支箱、箱式变电站、高压开关柜、柱上开关等； ② 项目所在地总部层面具体到省公司名称，省公司层面具体到区、县名称
		示例：山东淄博 10kV 陈家湖线配电变压器更换工程	
		项目所在地（地市/县公司）（B01）＋电压等级（kV）（B04）/低压线路（B08）＋台区名称（B03）＋改造工程（B05）	项目所在地总部层面具体到省公司名称，省公司层面具体到区、县名称
		示例：济宁市中 10kV 乔庄狄林 1 号等 5 个台区改造工程	
	其他项目	项目所在地（B01）＋电压等级（kV）（B04）/低压线路（B08）＋项目内容简述（B03）	
		示例：德州武城广运街道 10kV 二中家属院老旧小区改造工程	
产业基建项目	产业基建项目	项目所属单位（B02）＋项目实施主体（B09）＋建设内容（B03）＋建设性质（B05）	
		示例：许继集团福州天宇电气整体迁建项目	
电网小型基建项目	新建项目	项目所属单位（B02）＋主体名称（B03）	
		示例：国网山东日照供电公司中楼供电所	

项目分类		项目命名规则	备注
电网小型基建项目	扩建、改造、购置项目	项目所属单位（B02）+主体名称（B03）+扩建、购置（B05）	项目所属单位须根据项目出资建设主体明确到乡镇供电所
		示例：国网山东济南供电公司生产综合楼扩建	
	电网一次项目	项目所属单位（B02）+变电站（线路）电压等级（kV）（B04）+调度名称（B06）+设备电压等级（kV）（B04）+设备（设施）名称（B03）+改造（更换、建设等）项目内容简述（B05）	
		示例：国网山东德州供电公司10kV宅北线等26条线路柱上开关改造工程	
	二次系统项目	项目所属单位（B02）+变电站（线路）电压等级（kV）（B04）+调度名称（B06）+设备（设施）名称（B03）+改造（更换、建设等）项目内容简述（B05）	
		示例：国网山东莱芜供电公司220kV莲花变电站一键顺控改造工程	
		项目所属单位 B02）+调度系统（自动化、通信系统等）名称（B03）+改造（建设等）项目内容简述（B05）	
		示例：国网山东青岛供电公司220kV西林变电站综合自动化系统改造工程	
	其他项目	项目所属单位（B02）+设备（设施）名称（B03）+改造（更换、建设等）项目内容简述（B05）	
		示例：国网山东烟台供电公司带电作业工器具室改造	
产业技改项目	产业技改项目	项目所属单位（B02）+项目实施主体（B09）+技改主体名称（B03）+改造内容（B05）	
		示例：南瑞集团国电南瑞中天电子自动化生产线改造	
生产辅助技改项目	生产辅助技改项目	项目所属单位（B02）+改造主体名称（B03）+改造分系统（B03）+具体名称（B03）+改造（B05）	
		示例：国网山东东营河口区供电公司办公楼综合改造	
零星购置项目	新购设备	项目所属单位（B02）+设备名称（B03）+购置（B05）	所属单位简称需按照项目实施单位明确到县公司层面
		示例：国网山东烟台供电公司2022年电缆保护管质量快速检测仪购置	
	更新项目	项目所属单位（B02）+设备名称（B03）+报废更新（B05）	所属单位简称需按照项目实施单位明确到县公司层面
		示例：国网山东济南市章丘区供电公司2022年新能源小轿车报废更新	
生产大修大修项目	电网一次项目	项目所属单位（B02）+变电站（线路）电压等级（kV）（B04）+调度名称（B06）+设备电压等级（kV）（B04）+设备（设施）名称（B03）+大修（检修、修理、治理等）项目内容简述（B05）	
		示例：国网山东检修公司500kV汶上站等3座变电站35kV电抗器维修工程	

续表

项目分类		项目命名规则	备注
生产大修项目	二次系统项目	项目所属单位（B02）＋变电站（线路）电压等级（kV）（B04）＋调度名称（B06）＋设备（设施）名称（B03）＋大修（检修、修理、治理等）项目内容简述（B05）	
		示例：国网山东济南市章丘区供电公司 110kV 滨河等 6 站二次设备维修工程	
		项目所属单位（B02）＋调度系统（自动化、通信系统等）名（B03）＋大修（检修、修理、治理等）项目内容简述（B05）	
		示例：国网山东泰安供电公司 220kV 华丰等 6 座变电站 UPS 维修工程	
	其他项目	项目所属单位（B02）＋设备（设施）名称（B03）＋大修（检修、修理、治理等）项目内容简述（B05）	
		示例：国网山东临沂供电公司绝缘安全工器具修理	
产业大修项目	产业大修项目	项目所属单位（B02）＋项目实施主体（B09）＋大修主体名称（B03）＋维修内容（B05）	
		示例：南瑞集团置信电气亚东亚浇注设备大修	
生产辅助大修项目	生产辅助大修项目	项目所属单位（B02）＋主体名称（B03）＋大修分系统（B03）＋具体名称（B03）＋维修（B05）	大修涉及三个及以上分系统的，命名为综合维修
		示例：国网山东青岛胶州市供电公司铺集供电所维护分系统屋面、场坪道路等维修	示例：国网四川电力调度通信楼（东楼）综合维修
电力市场营销项目	用电营业	项目所属单位（B02）＋项目实施年份（B0A）＋项目二级分类（B08）	① 营销项目二级或三级分类每年项目储备工作开展前由总部营销部统一修订并发布
		示例：国网山东省电力公司高密市供电公司 2023 年营业厅外设装备项目	② 为避免分年实施同一类项目命名重复，根据需要明确项目实施年份
	电能计量	项目所属单位（B02）＋（项目实施年份）（B0A）＋项目二级分类（B08）	
		示例：国网山东聊城供电公司 2023 年用电信息采集系统建设与改造	
	市场与能效	项目所属单位（B02）＋项目实施年份（B0A）＋建设内容（B03）＋项目二级分类（B08）	
		示例：国网山东聊城供电公司 2023 年空调负荷柔性控制能力建设项目	
	智能用电	项目所属单位（省＋地市）（B02）＋项目实施地点（B01）＋项目二级分类（B08）＋项目性质（新建、跨年新建、扩建、续建、改造、购置、租赁等）（B05）	
		示例：国网山东聊城供电公司 2023 年充电网络布局优化提升项目	

续表

项目分类		项目命名规则	备注
电力市场营销项目	供电服务	项目所属单位（B02）＋（项目实施年份）（B0A）＋项目二级分类（B08）＋项目性质（新建、续建、扩建、改造等）（B05）	
		示例：国网山东潍坊临朐县供电公司2022年中心营业厅（B级）转型升级	
电网数字化项目	公司统一组织建设项目命名规则	业务科目（B07）＋内容名称（B03）＋项目性质（B05）＋项目类别（B08）	① 业务科目主要为信息化标准科目二级分类名称；② 内容包括子系统名称（如存在）或信息化标准科目三级分类或四级分类名称，能够体现项目建设内容；③ 项目性质包括一期、二期、三期等；④ 项目类别包括设计项目、设计开发项目、设计开发实施项目、设计实施项目、实施项目、试点实施项目、推广实施项目、软硬件购置项目、网络设备购置项目、安全产品购置项目、机房环境建设项目、运维工具购置项目、咨询设计项目、集成实施项目、运营服务项目、数据工程项目、业务运营实施项目
		示例：基础资源平台组件－软硬件定制化－设计开发及实施项目电网建设业务－基建管理子系统（三期）－设计开发及实施项目	
	各单位独立组织建设项目名称规范	项目所属单位（B02）＋内容名称（B03）＋项目性质（B05）＋项目类别（B08）	
		示例：国网山东电力聊城供电公司－地市公司统一视频监控平台建设－软硬件购置项目	
研究开发项目	研究开发项目	明确研究内容，突出项目核心技术（B02＋B03）	
		示例：面向双碳目标的客户侧远程能效智能分析关键技术研究	
	实验条件建设项目	项目所属单位（B02）＋项目实施主体（B09）＋建设主体（B03）＋建设内容及性质（B05）	
		示例：国网山东省电力公司山东能源电力供需分析技术实验室新建项目	
管理咨询项目	管理咨询项目	明确研究内容，突出企业战略导向（B02＋B03）	
		示例：全面实施乡村振兴战略背景下的乡村电气化关键问题研究	
教育培训项目	二级（省/直辖市/直属单位）单位项目	二级单位（B02）＋项目内容（B03）＋项目性质（B05）	
		示例：国网山东省电力公司全面预算管理培训	

项目分类		项目命名规则	备注
教育培训项目	三级（地市）单位项目	二级单位简称（B02）＋三级单位（B02）＋项目内容（B03）＋项目性质（B05）	
		示例：国网山东潍坊供电公司青年人才技能赋能培训	
	四级（县级）单位项目	二级单位简称（B02）＋四级单位（B02）＋项目内容（B03）＋项目性质（B05）	
		示例：国网德州庆云供电公司系统内送培训	
股权投资项目		明确投资目的地，投资对象（B02＋B03）	适用于境内、外股权投资项目
		示例：济南泉达配售电有限责任公司	

附录 D　综合计划报表格式要求

综合计划报表格式要求见表 D-1。

表 D-1 综合计划报表格式要求

专项名称		报表名称	关键要素	说明
1	电网基建	电网大中型续建项目投资计划建议表	编制单位、项目名称、项目编码、项目所属单位、建设性质、建设规模（线路长度、变电容量）、建设起止年限、资金来源、总投资、到上年底累计下达投资计划、上一年调整后投资计划、本年投资计划（投资、主要建设内容）、批准开工文号、备注等	1. 建设性质包括新建、扩建和改造。 2. 建设规模是指项目建设的总规模。 3. 资金来源分企业自有、中央预算内资金、专项建设基金、企业债券、开行贷款、其他贷款、利用外资、其他投资等。 4. 为便于投资分电压等级分析，一个项目包中有多个电压等级的，必须把投资分拆到相应电压等级
		电网大中型新开工项目投资计划建议	编制单位、项目名称、项目编码、项目所属单位、建设性质、建设规模（线路长度、变电容量）、总投资、本年投资计划（投资、企业自有、中央预算内投资、专项建设基金、企业债券、开行贷款、其他贷款、利用外资、其他投资）、项目核准文号、可研批复文号、备注等	1. 资金来源分企业自有、中央预算内投资、专项建设基金、企业债券、开行贷款、其他贷款、利用外资、其他投资等。 2. 项目核准文号是指政府有关部门核准的文件编号，可研批复文号是指公司批复可研的文件编号。没有批复的在"备注"栏内注明前期工作进度。 3. 建设规模是指项目建设的总规模。 4. 逐个项目按照可研批复规模，分 7 类单项上报建设规模、投资规模
		电源项目（含新开工和续建）投资计划建议表	编制单位、项目名称、项目编码、项目所属单位、建设规模（台×单机容量、容量）、建设性质、建设起止年限、资金来源、总投资、到上年底累计下达投资计划、本年投资计划（投资、主要建设内容）、批准文号、备注等	1. 此表由控股方填写。备注中列出投资方及投资比例。 2. 建设性质分新建、扩建、改造等。建设阶段填写新开续建。 3. 资金来源分企业自有、中央预算内投资、企业债券、开行贷款、其他贷款、利用外资、其他投资等。其中：企业自有按投资方分别列出。 4. 批准文号是续建项目填写新开工计划下达文号，新开工项目填写可研批复（核准）文号
2	产业基建	产业基建项目（含新开工和续建）投资计划建议表	编制单位、项目名称、项目编码、项目所属单位、建设规模\产能、建设性质、建设阶段、建设起止时间、总投资、到上年底累计下达计划、本年投资计划（投资、主要建设内容）、项目前期进展、备注等	1. 建设性质分新建、扩建、改造等。 2. 建设阶段填写新开、续建。 3. 此表由控股方填写。备注中列出投资方及投资比例

专项名称	报表名称	关键要素	说明
3　电网小型基建	公司电网小型基建投资计划建议表	编制单位、项目名称、项目编码、建设单位、项目类别、项目类型、建设规模、总投资、建设起止时间、到上年底累计下达计划、本年投资计划（合计、主要建设内容）、备注等	1. 项目类别分为调度控制、生产管理、运行检修、营销服务、物资仓储、科研实验、教育培训以及其他用房。 2. 项目类型分为限上项目、限下项目
4　生产技改	生产技术改造项目投资计划建议表	编制单位、项目名称、项目编码、项目所属单位、电压等级、资产性质、项目分类、专业类别、专业细分、改造目的、改造原因、项目内容、起止时间、总投资、到上年底累计下达、本年投资计划、备注等	1. 资产性质分为总部、分部、省公司（含直供直管、不含控股、代管）、控股县。 2. 项目类型分为限上项目、限下项目。 3. 生产技改专业类别分为发电、电网一次、二次系统、其他。 4. 生产技改专业细分为发电、输电、变电、配电、继电保护及安全自动装置、调度系统、自动化、通信、安全措施、生产运维、其他共11类。 5. 生产技改目的分为提升电网安全稳定水平、提升设备运行可靠性、提升电网输送能力、提升电网经济运行水平、提升电网智能化水平，共5项。 6. 改造原因分为：①设备老化、②设备故障、③设备质量缺陷、④电网发展需求需提高主要技术参数水平、⑤落实安措及反措要求、⑥配合市政建设、⑦新技术推广、⑧落实国家政策、⑨运行环境恶化、⑩其他原因，共10项，可复选
5　产业技改	产业技术改造项目投资计划建议表	编制单位、项目名称、项目编码、项目所属单位、项目类型、改造目的、改造必要性、项目内容、项目起止时间、总投资、到上年底累计下达计划、本年投资计划、备注等	1. 改造目的分为提高安全环保水平、提高生产能力、提高设备健康水平、降低能耗。 2. 项目类型分为：（逐项）限上、（逐项）限下
6　生产辅助技改	生产辅助技改项目计划建议表	编制单位、项目名称、项目编码、项目所属单位、项目类别、项目类型、专业类别、专业细分、改造原因、改造内容、起止时间、总投资、到上年底累计下达计划、本年投资计划、备注等	1. 项目类别分为各级供电企业及所属单位调度控制、生产管理、运行检修、营销服务、物力保障、科研实验、教育培训、数据机房等技术业务用房中办公用房及其配套设备设施修理项目；各级供电企业及所属单位周转倒班房、食堂、车库等生产辅助用房及其配套设备设施修理项目；各级直属单位办公用房、生产辅助用房修理项目。 2. 资产性质分为总部、网省公司（含直供直管、不含代管）、直属单位。 3. 项目类型分为限上项目、限下项目。 4. 专业类别分为房屋技改和设备设施技改。 5. 项目应按照储备库评审结果，按照优先级别排列
7　零星购置	零购项目投资计划建议表	编制单位、公司名称、项目单位、项目名称、项目编码、项目所属单位、项目类型、资产归属、固定资产分类、投资规模、项目内容、计量单位、数量、投资、主管审核专业、备注等	1. 项目单位填写项目实施单位，指地市供电公司，省电力公司等公司全资、控股企业。 2. 项目类型按逐项、打捆2类填写，限下项目逐项填写。 3. 资产归属：按国家电网公司总部（分部）、省（自治区、直辖市）电力公司、直属单位、股份制公司4类填写。 4. 固定资产分类按照《国家电网公司固定资产目录》固定资产分类一级目录填写。 5. 主管专业按照资产购置主管审核部门专业类别填写

续表

专项名称		报表名称	关键要素	说明
8	生产大修	生产大修项目计划建议表	编制单位、项目名称、项目编码、项目所属单位、电压等级、资产性质、项目分类、专业类别、专业细分、大修目的、改造原因、项目内容、起止时间、本年计划、备注等	1. 资产性质分为总部、分部、省公司（含直供直管、不含控股、代管）、控股县。 2. 项目分类分为限上项目、限下项目。 3. 生产大修专业类别发电、电网一次、二次系统、其他。 4. 生产大修专业细分为发电、输电、变电、配电、继电保护及安全自动装置、调度系统、自动化、通信、安全措施、生产运维、其他共 11 类。 5. 生产大修目的分为提升电网安全稳定水平，提升设备运行可靠性，提升电网输送能力，提升电网经济运行水平、提升电网智能化水平，共5项
9	产业大修	产业大修项目计划建议表	编制单位、项目名称、项目编码、项目所属单位、项目类型、大修必要性、大修类型、项目内容、项目起止时间、本年大修支出计划、备注等	1. 大修目的分为提高安全环保水平、提高生产能力、提高设备健康水平、降低能耗。 2. 项目类型分为（逐项）限上、（逐项）限下
10	生产辅助大修	生产辅助大修项目计划建议表	编制单位、项目名称、项目编码、项目所属单位、项目类别、项目类型、专业类别、专业细分、大修原因、项目内容、起止时间、本年计划、备注等	1. 项目类别分为各级供电企业及所属单位调度控制、生产管理、运行检修、营销服务、物力保障、科研实验、教育培训、数据机房等技术业务用房中办公用房及其配套设备设施修理项目；各级供电企业及所属单位周转倒班房、食堂、车库等生产辅助用房及其配套设备设施修理项目；各级直属单位办公用房、生产辅助用房修理项目。 2. 资产性质分为总部、网省公司（含直供直管、不含代管）、直属单位。 3. 项目类型：限上项目、限下项目。 4. 专业类别为房屋维修、设备设施维修
11	电力市场营销	电力市场营销项目计划建议表	编制单位、项目名称、项目编码、项目所属单位、建管单位、建管单位、项目分类、专业分类、一级分类、二级分类、总投资、起止时间、到上年底累计下达计划、本年计划（合计、资本性、成本性）、备注等	1. 项目分类分为限上项目、限下项目。 2. 项目内容是对该项目做什么和多大规模等概况进行简要描述。 3. 项目打包以地市为单位，打包金额不得超过500 万元。 4. 专业分类、一级分类、二级分类按照《国网营销部（农电工作部）关于开展 2021 年营销项目储备工作的通知》（营销综〔2018〕20 号）文件中要求的分类标准填写
12	电网数字化	电网数字项目计划建议表	编制单位、项目名称、项目编码、项目所属单位、项目分类、项目性质、实施范围、项目内容、总体目标、项目总投入〔资金构成（合计、资本性、成本性）和资金用途（硬件、软件、开发、实施、其他）〕、到上年底累计下达计划〔资金构成（合计、资本性、成本性）和资金用途（硬件、软件、开发、实施、其他）〕、本年计划〔资金构成（合计、资本性、成本性）和资金用途（硬件、软件、开发、实施、其他）〕、备注等	1. 项目分类分为限上项目、限下项目。 2. 项目性质分为统一组织建设项目、独立组织建设项目。 3. 项目内容对项目做什么和多大规模等概况进行简要描述，限制在 300 字以内。 4. 总体目标对项目要完成的目标、达到的效果进行简要描述，限制在 300 字以内

专项名称		报表名称	关键要素	说明
13	研究开发	研究开发项目计划建议表	编制单位、项目名称、项目编码、项目所属单位、研究领域、主要研究内容、起止时间、总费用、到上年底累计下达计划、本年计划建议、建设内容、建设必要性、项目负责人、承担机构、备注等	1. 项目属性分为总部管理、本单位管理。 2. 研究领域分为新能源发电技术及装备、新能源发电源网协调技术、特高压输变电技术、输变电施工与设计、输变电设备运行管理、一次设备及其智能化、电网防灾减灾技术、配电技术、用电技术、微网技术、常规电源网协调技术、大电网安全分析与规划技术、大电网安全保护与控制技术、电力系统自动化、电力市场运营技术、电力通信技术、电力信息技术、电力电子技术、大规模储能技术、新材料及其应用技术、电网环保与节能技术、决策支持技术、试验能力建设、技术标准、知识产权、群众性创新及其他。 3. 项目应按照项目储备库分级和评价结果排序
14	管理咨询	管理咨询项目计划建议表	编制单位、项目名称、项目编码、项目所属单位、项目类型、项目属性、机构选择意向、项目内容简述、起止时间、总投入、到上年底累计下达计划、本年计划、备注等	1. 项目类型分为战略类、电网发展类、体制改革类、"五大"体系建设类、管理创新类、国际化、市场营销类、人力资源类、财务物资类、其他类。 2. 项目属性分为重大、一般。其中，重大项目是指资金投入在 100 万元及以上的项目。 3. 机构选择意向系统内咨询机构、系统内外咨询机构均可。 4. 所有项目均应上报总部评审
15	教育培训	教育培训项目计划建议表	编制单位、项目名称、项目编码、项目所属单位、实施范围、一级分类、二级分类、三级分类、培训班次、培训人次、培训人·天数、项目主要内容、投入计划、备注等	项目实施范围按国网公司级、网省级、地市级、县级选择填写
16	股权投资	股权投资计划建议表	编制单位、项目名称、项目性质、项目细分、投资年限、项目总投资、资本金总额、股权投资比例、股权投资额、到上年底累计下达计划、本年资本金计划、备注等	1. 项目性质分为新增投资和追加投资两大类。 2. 公司股权投资项目按照公司"一体四翼"分类，即：电网业务、金融业务、国际业务、支撑产业、战略新兴产业

附录 E　综合计划管理维度质效评价标准

综合计划管理维度质效评价标准见表 E−1。

表 E−1　　　　　　　　综合计划管理维度质效评价标准

序号	分类	指标
1	安全质量	本质安全水平
2		合规与风险管控水平
3	服务品质	客户服务满意度
4		综合供电可靠率
5	低碳绿色	清洁能源电量占比
6		新能源利用率
7		新能源装机规模
8	科技创新	研发（R&D）经费投入强度
9		科技创新贡献度
10		数字化发展指数
11	运营效率	售电量增速
12		跨省跨区输电能力
13		特高压直流利用率
14		750～220kV 电网平均负载率
15		110kV 及以下电网平均负载率
16		综合线损率
17		抽水蓄能综合利用率
18		电网业务运营保障水平
19		度电资产总额
20		度电新增投资
21		度电运营成本
22		度电利润率
23		电能占终端能源消费比重
24		市场占有率
25		电费回收率
26		职工劳动生产率

续表

序号	分类	指标
27	经营效益	净利润
28		利润总额
29		营业收入利润率
30		资产负债率
31		带息负债规模
32		经济增加值（EVA）
33		净资产收益率
34		成本费用率
35		成本费用利润率
36		电价落实及投资疏导度
37		政策资金争取水平

附录 F　综合计划管理专项质效评价标准

综合计划管理专项质效评价标准见表 F-1。

表 F-1　　　　　　　　　综合计划管理专项质效评价标准

序号	分类	指标
1	电网基建	1. 重大决策部署完成率
		2. 新能源装机容量
		3. 清洁能源装机占比
		4. 发电变电容量比
		5. 单位投资增售电量
		6. 单位投资增供负荷
		7. 跨省跨区输电能力
		8. 特高压直流利用率
		9. 750~220kV 电网 $N-1$ 通过率
		10. 750~220kV 电网最大负载率
		11. 750~220kV 电网平均负载率
		12. 110kV 及以下电网 $N-1$ 通过率
		13. 110kV 及以下电网最大负载率
		14. 110kV 及以下电网平均负载
		15. 在运抽水蓄能容量占比
		16. 抽水蓄能综合利用率
2	产业基建	17. 投入产出比
		18. 投资收益率
		19. 电动汽车业务新增充电量
		20. 电动汽车业务单位投资增加充电量
		21. 新能源发电业务新增发电量
		22. 新能源发电业务单位投资增发电量
3	电网小型基建	23. 人均建筑面积
		24. 资产交付使用率
		25. 房产租建比
		26. 房产购建比
		27. 年均节约成本

续表

序号	分类	指标
4	生产技改	28. 技改大修投入与资产规模比
		29. 投入与资产折旧比
		30. 输变电资产退役设备平均寿命
		31. 设备更新指数
		32. 高损配变占比
		33. 电网设备运行可靠率
		34. 供电可靠率
		35. 电压合格率
5	产业技改	36. 技改大修投入与资产规模比
		37. 投入与资产折旧比
		38. 电工装备及信息通信业务投资利润率
		39. 新能源发电业务生物质电厂发电标准秸秆单耗
		40. 新能源发电业务综合厂用电率
		41. 新能源发电业务机组等效可用系数
		42. 通用航空业务直升机飞行可用率
6	生产辅助技改	43. 技改大修投入与资产规模比
		44. 投入与资产折旧比
		45. 投入经济性
		46. 生产经营场所改善满意
7	零星购置	47. 零购投资与资产规模比
		48. 交通运输车辆合规保障水平
		49. 服务一线班组和科技创新工器具仪器仪表保障水平
		50. 主要办公类设备保障水平
8	生产大修*	51. 技改大修投入与资产规模比
		52. 投入与资产折旧比
		53. 输变电资产退役设备平均寿命
		54. 设备更新指数
		55. 高损配变占比
		56. 电网设备运行可靠率
		57. 供电可靠率
		58. 电压合格率

续表

序号	分类	指标
9	产业大修*	59. 技改大修投入与资产规模比
		60. 投入与资产折旧比
		61. 电工装备及信息通信业务投资利润率
		62. 新能源发电业务生物质电厂发电标准秸秆单耗
		63. 新能源发电业务综合厂用电率
		64. 新能源发电业务机组等效可用系数
		65. 通用航空业务直升机飞行可用率
10	生产辅助大修*	66. 技改大修投入与资产规模比
		67. 投入与资产折旧比
		68. 投入经济性
		69. 生产经营场所改善满意度
11	电力市场营销*	70. 营销线上服务水平
		71. 电动汽车充换电量
		72. 营业厅智能服务水平指数
		73. 营销提质增效指数
		74. 计量智能化水平
		75. 能效服务评价指数
		76. 乡村振兴电力发展指数
12	电网数字化*	77. 投入产出比
		78. 节支效益
		79. 数字化发展指数
		80. 信息安全防护能力
13	研究开发*	81. 科技攻关完成率
		82. 专利完成率
		83. 技术标准完成率
		84. 研究开发专项计划完成率
		85. 研发（R&D）经费投入强度
		86. 科技创新贡献度
14	管理咨询*	87. 管理咨询项目完成率
		88. 形成专报情况
		89. 形成论文、专利、专著情况
		90. 纳入公司规章制度、业务流程、标准规范情况
		91. 提出的政策建议情况

续表

序号	分类	指标
15	教育培训*	92. 全员培训率
		93. 培训满意率
		94. 人才当量密度
		95. 中级职称及以上占管理和技术人员比例
		96. 技师、高级技师占技能人员比例
		97. 高技能人才比例
16	股权投资	98. 总部增资收益率
		99. 二级单位净资产收益率
		100. 二级单位增资收益率
		101. 二级单位对全资、控股子企业的投资收益
		102. 二级单位对全资、控股子企业的退出收益率
		103. 二级单位参股投资账面投资收益
		104. 二级单位参股投资现金分红比率
		105. 二级单位参股投资退出收益率
		106. 二级单位低效无效投资清理处置情况

注 * 为成本性投入专项，其中：电力市场营销、电网数字化、研究开发同时含资本性投资和成本性投入。

附录 G　综合计划管理过程评价标准

综合计划管理过程评价标准见表 G-1。

表 G-1　　　　　　　　综合计划管理过程评价标准

序号	指标环节	指标名称	指标计算方式
1	项目常态储备	储备完整率	储备完整率=项目信息完整的项目个数/储备项目总个数
2		可研论证率	可研论证率=可研论证项目个数/储备项目数量
3		可研评审率	可研评审率=可研评审项目个数/储备项目数量
4		可研批复率	可研批复率=可研批复项目个数/储备项目数量
5		年度投资需求充足性指标	年度投资需求充足性指标=[可研评审当年投资+续建次年投资+项目包（35kV 及以下的电网基建、技改里面的应急项目）]/上一年调整后计划
6		储备均衡度	储备均衡度=8 月份的储备量/1～8 月份的储备量
7		储备支撑率	储备支撑率=年度投资需求/总控建议值
8	项目预安排	预安排项目占比	预安排项目占比=预安排项目规模/上年度综合计划调整后规模
9		预安排项目执行进度	预安排项目执行进度=预安排项目完成值/预安排项目年度计划值×100%
10		异常项目个数	异常项目个数=未建项、未提报招标项目总数
11	计划编制与下达	计划分解率	计划分解率=各单位已分解规模/下达的各单位管理规模
12	计划执行与过程管控	项目建项率	项目建项率=ERP 建项数/已分解执行计划项目数
13		项目成本发生率	项目成本发生率=成本入账项目数/已分解执行计划项目数
14		计划完成率	计划完成率=计划完成金额/计划下达金额数
15		项目成本完成率	项目成本完成率=成本发生金额/成本计划金额
16	计划调整与下达	调整项目个数	调整项目个数=调减项目、调增项目、规模调整项目总数
17		计划调整率-规模	计划调整率-规模=（调整后资金规模-计划下达资金规模）/计划下达资金规模
18		计划调整率-数量	计划调整率-数量=（调整后项目数量-计划下达项目数量）/计划下达项目数量
19		调整分解率	调整分解率=已分解的调整下达规模/调整下达的各单位管理规模